KB102104

한국의
교육

EDUCATION OF KOREA

한국의 교육

교육의 실질적인 문제점과
적인 해결방안

최정원 지음

좋은땅

서문

이 책은 2년간 집필된 미완성 시나리오 「돌연변이」와, 이후 6개월간 집필된 미완성 에세이 「방황과 교육」의 최종판이다. 「돌연변이」는 집필 과정 속에서 부딪힌 '예술의 한계' 때문에 자체적으로 중단되었고, 「방황과 교육」은 출판해 주려는 출판사가 없었기 때문에 세상에 나올 수 없었다.

전자의 경우 내 자의적인 선택에 의해 중단된 것이지만, 후자의 경우 해당 원고의 독자 타겟층이 분명하지 않았고, 다루어지는 내용 역시 너무 방대하고 추상적이었기에, 출판사 입장에서 출판을 거절해야만 했을 것이라 생각한다.

그럼에도 여전히 나는 해당 원고가 시중에서 출판되고 있는 다수의 도서들보다 질적으로 괜찮다고 생각하지만, 다행히도 나는 음모론의 지지자가 아니기에 결과를 받아들이고, 새로 이 책을 쓰기 시작했다.

따라서 이 책은 「방황과 교육」과는 달리, '교육'이라는 주제에만 집중한다. 보다 일반인들에게 널리 읽혀질 수 있게끔 하기 위해, 인용 자료의 수를 대폭 줄였고, 나의 의견을 명확히 전달하는 것에 집중했다.

이 책이 시중의 다른 교육서적들과 가장 다른 점이 있다면, 첫째, 이 책은 내 경험을 위주로 자유롭게 풀어 쓴 '에세이'라는 점과, 둘째, 한국 교육의 미래를 '학생' 입장에서 바라보았다는 점이다.

이 책이 한국 학생들의 장기적인 미래에 '실질적으로' 도움 되는 교육 문화가 세워지는 데 작은 도움이 된다면, 최근 수십 개월간 탐구하고 고찰하고 분투했던 내 노력이, 만족스러울 정도로 보상받을 수 있을 것 같다.

나는 이 책에서 교육 문제를 정치적으로 바라보지 않기 위해 많은 노력을 들였다. 정치와 우리 삶이 분리될 수 없다는 것은 명확한 사실이지만, 정치적 시선만으로 우리 삶을 바라보면, 반드시 이념적이고 비생산적인 결과가 나오는 것 같다.

민주주의 및 자본주의의 안정과 기술의 발전에 따라, 정치적 선택이 우리 삶에서 차지하는 중요도는 명백히 줄어들었고, 특정 정치이념만을 바탕으로 내려지는 선택은 이젠 비효율을 넘어, 종종 우리 삶에 해를 끼치기까지 하는 것으로 보인다. 특히 익명성이 보장되는 온라인 세상에서는, 특정 사건을 둘러싼 정치적 발언이 과도하게 노출되며, 디지털 네이티브인 '요즘 학생'들은, 이러한 발언들에 무분별하게 영향받게 된다.

이런 발언들은 대부분 과잉된 자의식을 바탕으로, 익명성 뒤에 숨어 정치인들이 정치적 맥락 속에서나 사용하는 선동적이고 자극적인 말투를 사용하고, 지대하게 왜곡된 시각을 가지고 있음에도, 전염성이 높다. 우리가 만약 '어른'이라면, 학생들이 이러한 온라인 환경에서 비판적으로 정보를 받아들일 수 있도록 면역력을 키워 주고 지도해야 할 책임이 있을 것이다.

나는 한국 교육 제도 속에 자라며 혜택도 많이 봤지만, 굳이 겪지 않아도 될 '불필요한 고통'을, 적지 않은 시간 동안 겪어야만 했다. 남들보다 더 많은 행운 속에서 유년기를 보낼 수 있었던 내가 이를 겪어야만 했다면, 다른 학생들은 이를 인지하든 인지하지 못하든, 더더욱 그러할 것이다.

매년 수십만의 학생들이 현 교육 환경 속에 중등교육과정을 마치고 있고, 나는 이 모든 학생들이, 불가피하게 감당하지 않아도 될 비효율을,

매일매일 감당하고 있다고 생각한다. '어른'들에겐 이미 망각이 진행되어 학생 때의 기억이 흐릿할지 몰라도, 학생들은 길지 않은 그들의 삶 전부를, 마련된 교육 제도 속에서 생활해야 한다. 게다가 어린 시절 수립된 세계관은, 어른이 되고 나면 바뀌기 힘들기에, 우리가 과연 학생들에게 적절한 교육을 제공하고 있는지, 계속해서 우리 스스로에게 질문해야 한다.

한편, 불필요한 비효율이 있음에도 불구하고, 학생들이 매일을 보낼 교육 기관이 있다는 것은, 그 자체로 노력의 산물이며, 학생들 입장에서는 행운이다. 대한민국의 기성세대들은 분명 이를 위해 적지 않은 노력을 들여 왔고, 덕분에 지구상의 다른 대다수의 국가들보다 빠르게 발전할 수 있었다. 전후戰後의 한반도에서, 공교육이라는 국가 서비스는, 결코 대다수의 국민들이 당연하게 향유할 수 있는 것이 아니었다.

그러나 지금은 2021년이다. 감히 내가 한국인들에게 가지는 기대는, 이보다 크다. 난 한국 학생들이 더 효율적이고 생산적인 교육을 받을 수 있다면, 수십 년 후에는 현 시점 최고 선진국인 미국을 선도할 수 있는 문화적 위치에 놓일 수 있을 거라 믿는다. 난 한국인들이 가진 문화적 잠재력은 세계 최고 수준이라 생각하며, 이는 과거에도 이미 증명된 적이 있고, 앞으로도 점차 증명되어 갈 것이라 생각한다. 이는 결코 과도한 애국심 바탕의 민족주의적 발언이 아니다. 나는 그리 투철한 애국자가 되지 못한다. 실현 가능한 목표이다. 그러나 그러기 위해선, 아직 갈 길이 너무나 멀다. 해결해야 할 문제들 역시, 너무나 복잡하며 방대하다.

이것이 이 책을 낸 이유이다. 난 교육 전문가가 아니지만, 학생으로서의 내 경험과, 시나리오를 준비하며 탐구하고 취재한 내용을 바탕으로, 당장 바뀌어야 할 문제들이 분명 존재한다는 사실을 알리고 설득하고 싶었다. 직접 학생들을 상대하고 누구보다도 학생들을 생각하는 교육 전문가들과도 적지 않은 이야기를 나눠 봤지만, 전문가들 역시 빠른 시대적 변화에 발맞추기 힘들어하며, 한국 교육의 미래에 대해 구체적인 청사진을 수립하기 어려워함을 느꼈다. 이들에게 이 책이, 참고서가 되었으면 한다.

뿐만 아니라, 중등교육과정을 이제 막 떠난 '갓성인'들에게 역시, 그들이 감당해야만 했던, 혹은 앞으로도 감당할 것으로 예상되는 비효율을 인지함을 통해 이를 보완하고, 학부모들에게도 마찬가지로, 이런 문제점들에 사전 대비할 수 있도록, 작은 기회가 되었으면 한다.

아쉽게도 시스템은 언제나 완벽할 수 없으며, 대한민국 국민에게 주어지는 교육 서비스 역시, 당연한 것이 아니다. 국가에서 제공하는 교육 제도를 통해 얻을 수 없었던 기회는, 교육 기관을 이미 떠난 졸업생들 각자가 스스로 챙겨야 하며, 학부모들 역시 예측 가능한 비효율에 대처하기 위한 계획을, 미리 세워 두어야 한다.

이는 교육이 절대적으로 얼마나 발전을 거듭하든, 미래에도 마찬가지일 것이다. 앞서 언급했듯, 여전히 '학생들이 매일을 보낼 교육 기관'이 충분히 없는 나라도 수두룩하다는 점을, 우리는 잊어서는 안 된다. 이는 다시 말하지만, 이 자체로 행운이다. 그러나 이 사실이, 우리가 앞으로 나아가지 말아야 할 이유가 되지는 않는다.

만약 우리가 좋은 선례를 만든다면, 여러 상황에 처한 다른 나라들 역시, 이를 참고해 더 좋은 선례를, 보다 빠르게 만들게 될 수 있을 것이다. 그리고 우리 역시도 그들의 선례를 참고해, 불필요한 시행착오를 경험하지 않아도 될 것이다. 이는 교육의 전지구적 선순환이다.

이 과정에서 '선례'를 제시한 국가들에게는, 중장기적으로 경제적, 사회적인 보상이 주어질지도 모른다. 그러나 무엇보다 이러한 개선이 가장 중요한 이유는, 당장 교육을 받는 학생 '개개인'들에게, '전반적으로' 이롭기 때문이다. 로날드 도어*Ronald Dore*의 표현대로 이러한 변화는, '하찮은' 경제학적 측정 도구들이 '담으려고 시도조차 못 할', 결과의 '어마어마한 차이'를 만든다.[1]

우리가 지극히 냉철하고 다각적인 시각으로 세상을 바라본다면, 현 시점에서의 미국은, 지구상 다른 모든 국가들과 이러한 '차이'를, 어느 정도 만들어 낸 것으로 볼 수 있을 것이다. 이에 따라, 전 세계인들은 영어공부에 터무니없이 많은 시간을 할애해야 하고, 미국의 대학과 기업들은 꾸준히 '선례'를 제시하여 세상의 '기준점'을 세우고 있다. 물론 이들은 아시는 바와 같이, 전반적으로 꾸준히 번영하고 있다. 이러한 '어마어마한 차이'는, 북유럽과 동북아시아 국가들이 꾸준히 높은 순위를 유지하고 있는, '학업 성취도 평가 순위(TIMSS)' 따위의 측정 도구를 무색하게 만든다.

이번에는 반드시 이 책의 원고가 출판되어, 내 글이 교육에 관심이 있는 대중들에게 충분히 많이 읽혔으면 좋겠다. 군입대를 불과 3개월가량 앞두고 있는 대학 졸업생이기에, 이 책은 해당 주제와 관련해 내 생각과 경험을 공유할 마지막 기회가 될 것이다. 이번에도 출판사들이 거절하면, 독립출판하고 입대할 것이다. 제대 이후에는, 펀드 매니저가 되고 싶다.

2021년 3월
최정원

---

1) Ronald Dore, 『The Diploma Disease』, UNIVERSITY OF CALIFORNIA PRESS, 1976, p96에서 인용하였다.

목차

1. 나의 교육

  이 책에서 주로 다루어질 교육의 범위는, 중학교와 고등학교 과정에 해당하는 중등교육과정이다. 다행인지 불행인지, 난 한국의 중등교육과 아주 가깝고도 동시에 아주 먼 관계를 유지할 수 있었는데, 이러한 개인적 상황은 내가 학생 때부터, 공교육의 의미와 한계에 대해 끊임없이 질문을 던질 수밖에 없게끔 만들었다. 이 책의 목표는 이러한 질문에 대한 답을 찾아가는 과정에서 했던 탐구와 생각을 공유하는 점에 있기 때문에, 내가 받은 교육과, 내가 처해 있던 개인적 상황을 여러분께 공유해야지만, 앞으로 진행될 논의가 더 수월해질 것이다.

  한국의 경우 고등학교 교육은 중등교육과정에 속하면서 비非의무교육에 속하지만, 이 책에선 편의상 의무교육(또는 공교육)처럼 다루게 될 것이다.[2]

---

[2] 최근 10년간 중학생의 상급학교 진학률은 99.7%를 유지 중이며, 고등학교 취학률은 91%를 늘 초과해 왔다. (https://www.index.go.kr/potal/main/EachDtlPageDetail.do?idx_cd=1520) 따라서 논의에 큰 문제는 없을 것이다.

서문에서 밝혔듯, 나는 내 유년기[3]를, 전 세계적으로도 가장 운이 좋은 케이스 중 하나일 것이라 생각한다. 특히 '책'을 가까이할 수 있었다는 점에서 그러하다. 유년기의 독서 경험 덕분에, 나는 공교육의 수혜자임에도 불구하고 공교육을 생산성의 관점에서, 비교적 비판적으로 받아들일 수 있었다고 생각한다.

나는 다행히도 유년기부터 초등학교 고학년 때까지, 하루 최소 2시간 이상의 독서를 할 수 있었는데, 원인은 분명치 않다. 많은 부모들이 자녀에게 독서 습관을 정립시켜 주려고 적지 않은 돈과 노력을 들이지만, 자녀는 언제나 뜻대로 움직여 주지 않는다.

물론, 나 역시도 그런 자녀들 중 하나였을 것이기에, 이러한 상황과 경험은, 유년기 학생들의 행동양식이, 선천적인 요인들에만 의해 결정되는 것처럼 보이게끔 한다. 만약 이것이 사실이라면, 출생 이후 발생하는 모든 결정, 상황, 사건의 원인 분석이, 죄다 선천적 요인들로만 귀결되기에, 결과적으로 여러 측면에서 말이 되지 않는다.

오히려 아이는 나이가 어릴수록, 부모님의 세계관을 공유하고, 이에 따른 영향을 필연적으로 많이 받을 수밖에 없다. 따라서 경험적으로, 유년기 독서 습관의 원인 중, 영향이 크다고 판단되는 대표적인 가능성들을 제시해 볼 수는 있을 것이다.

아무리 단순한 상황이라고 해도, 그 상황이 벌어지기까지는 상상 이상으로 많은 함수들이 엮여 있기 마련이다. 이와 같은 한계를 받아들이고 제시할 수 있는 가능성들은 다음과 같다.

첫째, 우리 집에는 수백 권의, 아동·청소년들을 위한 도서들이 있었다는 점이다. 내게는 8살 터울의 형이 있었고, 시간이 지나자 형의 책이 모

---

3) 사전적으로 유치원과 초등학교 저학년에 해당하는 시기라 하며, 나 역시 같은 의미로 사용하였다.

두 내 책이 되었음은 물론, 책을 좋아하는 내 모습을 보고, 어머니께서 더 많은 도서를 구입해 주셨다. 선천적으로 독서를 좋아할 수 있는 완벽한 유전자를 가지고 태어났다고 하더라도, 읽을 책이 없다면, 독서 습관이 생길 리 만무하다.

둘째, 어린 남아男兒는 아버지의 모습을 모방하며 자랄 가능성이 크다는 점이다. 아버지는 대하소설을 좋아하셨고, 특히 조정래 작가를 좋아하셨다. 아버지가 사 놓으신 장편·대하소설은, 6단 책장을 꽉 채워 놓고 있었다. 이에 따라 유년기의 나는, 쉬는 시간에는 책을 읽는 것이 당연하다고 생각했을지 모른다. 추후에 어머니께서, 1997년 터진 IMF 사태에 우리 집안 역시 힘들었다고 하셨는데, 아버지께서 집에 있는 시간이 많아지시자, 내게 책 읽는 모습을 우연찮게 더 많이 보여 주시지 않았을까 하는 가능성을 제기하신 적도 있다.

셋째, 어머니의 교육관이다. 나 역시 내 또래 대부분의 남아들처럼, 독서보다는 컴퓨터 게임과 TV 시청을 선호했다. 하지만 어머니는 두 활동들에 제한 시간을 걸어 놓으셨고, 나머지 시간에 할 수 있는 활동들 중, 가장 재미있는 활동이 독서였기 때문에 책을 가까이했다. (어쩌면 컴퓨터와 TV가 없던 시절에는, 이러한 요소들이 고려 대상이 아니었을지 모른다.)

넷째, 흔히 이야기하는 선천적 요인이다. (선천적 요인이 유아기, 또는 이보다 이른 신생아기 경험에 의해 생기는 후천적 요인인지 아닌지는, 논외로 한다. 이에 대해선 나도 아는 바가 없으며, 학계에서도 충분히 밝혀지지 않은 것으로 안다. 여기선 그저, 일상적 의미의 '선천성'으로 받아들여 주셨으면 한다.) 나는 내향적인 아이였고, 내가 가진 내향성은 독서 습관을 가지기에 아주 좋은 환경을 만들어 주었다. 어릴 때부터 나는 육체적으로 뼈대도 얇았고, 심지어 성인이 될 때까지도 신체활동에서는 큰 두각을 보이지 못했기에, 이런 요소들은 내 내향성이 강화될 수 있는 요인이 되었을 것이다. 인간의 뇌에는 오래 전부터, 사회적 위계hierarchy 속에서 자신의 위치를 파악할 수 있는 시스템이 존재한다고 한다.[4] (그리고 모두, 최대한 높은 위치를 가지길 원한다.) 밖에서 높은 지위를 얻을 수 없는 것이 명확하다면, 안으로 들어가 승부해야 한다. 아마 나 역시도 그리했을 것이다.

이것이 내가 구체화하여 언어로 서술할 수 있는 가능성의 전부이다. 이들은 필연적인 요소들인 동시에, 수혜자 입장에선 다분히 우연적인 요소들이다. 어쨌든 난, 여러 가지 행운이 겹쳐 어린 나이에 많은 책을 읽을 수 있었고, 이러한 경험은, 내 학창시절을 전반적으로 바꿔 놓았다.

앞서 독서 습관을 가지게 된 원인을 최대한 사실과 가깝게 서술하기 위해 노력했다면, 독서의 영향을 서술하는 것 역시, 이 책의 주제를 본격적으로 다루기 전의, 내 몫일 것이다.

다행히도 이미 많은 사람들이 독서를 긍정적으로 평가하고 있지만, 구체적인 영향을 서술하는 것은 너무나 힘들다. 이는 나 같은 사람보단 학자들의 몫에 가까워 보이지만, 그럼에도 불구하고 시도해 보자면, 다음과 같은 점들일 것이다.

첫째, 독자적인 정보 습득 경로가 생긴다. 이는 너무나 중요하다. 일상생활에서 얻는 정보들을 제외하면, 인간이 인위적으로 만들어 낸 장치에 의해, 학생들에게 '장기적으로 유용한' 정보가 습득되는 경로는, 끽해야 두세 가지에 불과하다. 학교와 학원. 억지로 한 가지를 추가해 보자면, TV와 스마트폰 같은 온라인 매체다. 하지만 이들은 모두 운영자에 의해,

---

4) 이는 1억 5천만 년 전 바닷가재에게서도 발견할 수 있는 특성이라 한다. 자세한 내용은 임상심리학자 조던 피터슨Jordan B. Peterson 교수의 『12가지 인생의 법칙12 Rules for Life』을 참고하시라.

획일화된 방식으로 운영되고 있다.

물론 여기서의 '획일성'은, 비단 부정적인 의미로만 사용된 것은 아니다. 오히려 획일화된 방식이 없다면, 운영자가 해당 경로를 제대로 운영하고 있지 않다는 뜻이기 때문이다. 따라서 이는 운영자의 탓이라기보다는, 위와 같은 경로의, 근본적 한계에 가까울 것이다.

반면 독서의 경우, 정해진 길이 존재하지 않는다. 오히려 어린 나이에 흔히 읽혀지는 몇몇 책을 제외하면, 길 자체가 없다는 표현이 더 옳을 것이다. 따라서 책을 읽는 이라면 누구나, 다음 책을 선택함으로서 길을 만들어 나가야 한다. '유튜브 알고리즘'과는 별개로, '독서 추천 목록' 역시, 읽는 이에게 큰 영향을 끼치지 못한다. 독서하는 데에는 적지 않은 시간이 들고, 충분히 많은 인내심이 필요하기 때문에, 추천보다는 개인적 선호도에 따라 책을 고를지 말지, 고른다고 해도 어떤 책을 고를지가 결정되기 때문이다. 추천 목록에 따라 책을 구매한다고 해도, 대부분 단발성으로 끝나고 만다.

심지어는 정보의 제공자(작가) 역시, 오랜 시간 수많은 무작위 독자들에 의해 선별되는 경향이 있으며, 작가가 죽을지언정 책이 죽지는 않기에, 이 선별은 무제한으로 지속된다. 만약 역사적인 어느 시점에 이 책이 선별에서 탈락하게 된다면, 책이 더 이상 시장성이 없다는 뜻이고, 이에 따라 출판이 멈추며, 책은 대중들에게서 잊혀진다. 도서 구입에는 제도적(학교), 사적(학원)인 '강제성'이 전혀 없기 때문에, 이 선별 과정은 시장에서의 자유선택에 보다 가까운 것이며, 따라서 '선별의 질'은 더더욱 높아질 것을 예측해 볼 수 있다.

즉, 책은, 다른 경로들과는 달리, 정보제공자의 신뢰도가, 역사를 관통하는 많은 대중들의 개인적이고 자유로우며, 아주 까다로운 선택에 의해 결정되고 증명된다. 오랜 시간 검증된 책은 따라서, 다른 경로들보다, '정보의 제공' 차원에서 크게 유리하다고 볼 수 있다.[5]

물론 공교육기관의 교과서와 학원의 참고서 역시 '책'이긴 하지만, 이는 앞서 언급한 '강제성' 때문에, 내가 말하는 '읽는 책'과 구별된다. 정리하자면, 책을 읽는 사람들은, 다른 일반적인 사람들이 '뇌'라는 집에 설치한 두세 개의 작은 창문과는 달리, 양질의 햇살이 비치는 거대한 '큰 창문'이, 하나 더 있는 셈이다.

둘째, 인간은 대뇌피질에 저장된 정보들을 연결하며 사고하기에, 이러한 선순환이 계속된다. 이는 채광이 좋은 집에 사는 사람이, 아닌 사람보다, 전반적인 삶의 질이 높은 것과 같다. 이는 모두 다 설명할 수도 없고, 말해 입 아픈 것들이지만, 내가 학창시절 경험한 단적인 예는 다음과 같다.

나는 유년기부터 다른 학생들에 비해 높은 성적을 받았고, 주변 사람들에게서 긍정적인 기대와 동기 부여를 받았다. 일상생활의 많은 부분에서 자신감이 생겨, 힘든 일을 포기하지 않았고, 해결 가능한 문제들은, 더 손쉽게 해결할 수 있게 되었다. 증명 가능한 공식적인 결과물은 다음과 같다.

초등학교 3학년 때 영문도 모르고 치른 수학 시험은, 내가 태어난 인천시의 서부교육청에서 진행하는 영재교육생 선발시험이었고, 이에 따라

---

5) 이는 물론 아동용 도서들에만 해당하는 것이 아니다. 예컨대 내가 지금 공부하고 있는 금융투자 분야의 경우, 벤자민 그레이엄*Benjamin Graham*의 책이 정전으로 꼽힌다. 하지만 그는 이미 세상을 떠나고 없기에, 학교와 학원에서 벤자민 그레이엄과 같은 거장을 만날 확률은 0이다. 심지어 그와 동시대에 살았다고 하더라도, 그에게 배울 가능성 역시, 0에 아주 가깝다고 볼 수 있다. 그의 제자이자 세상에서 가장 훌륭한 투자자인 워렌 버핏*Warren Buffett* 역시, 그에게 배울 수 있었다는 사실은 어마어마한 행운이었다는 말을, 수차례 한 적이 있다. 하지만 다행히도, 책은 아직도 남아 전 세계에 번역되어 전해 내려오고 있고, 우리가 책을 선택하기만 하면, 이와 같은 말도 안 되는 행운을 공유할 수 있다.

난 각 학교에서 약 한 명(약 0.3% 정도)만이 받을 수 있던 시영재교육의 수혜자가 될 수 있었다. (이후에 진행된 학부모 참관수업에서도, 유일하게 나만이 수열의 해답을 찾아 손을 들 수 있었다.) 다음 해 역시, 별다른 준비 없이 전국과학영재올림피아드에서 본선에 진출하여 준수한 성적으로 입상을 할 수 있었고, 그다음 해 역시 마찬가지였다.

중학교 때 처음으로 다니기 시작한 종합반 학원에서는, 높은 성적으로 관습을 뚫고 한 번에 가장 높은 과고반(과학고등학교·영재고등학교 대비반)에 들어갈 수 있었으며, 다른 반 학생들이 나를 구경하러 놀러오곤 했다. 이후 외고반으로 이동하고 난 이후에도, 인천국제고가 생긴 후 처음으로 창설된 정원 8명짜리 '소수정예' 국제반을 가장 높은 성적으로 들어갈 수 있었는데, 당시 학교 공부에 흥미가 떨어져 학교 성적이 100등이 넘던 것과는, 대비되는 모습이었다.

이후 약간의 행운이 따르긴 했지만 외고에도 들어갈 수 있었고, 성적이 점차 상승해 이 속에서도 내신 반 1등, 전교 3등으로 졸업할 수 있게 되었다. 대학에 입학해 언론정보학에서 경영학으로 전과할 때도, 별다른 공부 없이 영어시험을 치르고 수월하게 옮길 수 있었고, 영어 성적으로 받을 수 있는 군입대 가산점 역시, 가장 높은 점수(TOEIC 900점 이상)를, 비교적 수월히 받을 수 있었다.

물론 이는 증명 가능한 '성적'에만 관련된, 단적인 예다. 나는 특히나 '고전'으로 분류되는 책들을 좋아하는데, 이는 '지식knowledge성 정보'를 제공하는 것 그 이상의 역할(군이 표현하자면 '지혜wisdom성 정보'에 가깝다.)을 하는 책들이다. 『중용中庸』을 읽으면 잠깐이나마 동북아시아 문화를 일군 유교의 대부, 공자의 제자가 될 수 있었고, 생텍쥐페리Saint-Exupery의 『어린왕자Le Petit Prince』와 『인간의 대지Terre des Hommes』, 헤르만 헤세*Herman Hesse*의 『데미안*Demian*』을 읽으면, 공자의 사상과 비슷한, 서양 문화와 동양 문화를 관통하는 인류의 근원적 사상을 파악할 수 있었다. (동서양에 모두 인접한 러시아에서 왜 훌륭한 예술가들과 심리학자들이 태어났을까. 아마 지리적인 요건 때문이었을 것이다.)

이런 경험이 쌓이면, 무엇보다 여러 종류의 예술에 각별한 애정이 생기며, 안목도 생긴다. 심지어 이 과정에서 나는 점점 넓은 우물로 나아가게 되었고, 더더욱 겸손해졌으며, 내가 책을 손에서 놓지 않는 한, 추측컨대, 죽을 때까지 이런 선순환은 지속될 것이라는 확신이 생겼다.

최근 공부하기 시작한 금융과 경제 분야에 대한 도서들은, 내게 어느 때보다도 더 넓은 우물을 보여 주었고, 철학적으로도 성숙하게 만들며, 살아가는 데에 충분한(때로는 벅차리만치 많은) 동기를 부여해 주었다. 동기가 많으면 시간의 소중함을 깨닫게 되고, 시간의 소중함을 깨달으면 결정 한 번, 한 번에 무게감을 느끼게 된다. 무게감을 느끼게 되면 사소한 일들에 신경 쓰지 않게 되고, 하고자 하는 바에 집중할 수 있게 된다. 죽는 순간까지 우리가 불가피하게 해야 하는 수억 번의 선택 역시, 더 현명한 판단을 할 수 있게 되고, 이런 순환은 멈추지 않고 계속된다….

물론 책을 아무리 읽어도 얻을 수 없는 것들이 있고, 여전히 인간으로서의 한계를 뛰어넘을 수는 없으며, 살아가면서 여러 번의, 작지 않은 실수를 맞이해야만 한다. 게다가 위에 언급한 '영향'은, 반드시 독서만의 영향은 아니었으며, 앞서 언급했듯, 수 없이 많은 함수들에 의해 일어난 일들이었다. 하지만, 위와 같은 긍정적인 효과들은, 독서가 없었으면 얻을 수 없었던 효과였다. 이는 더 이상 말해 봐야 소용없고, 게다가 이 책을 읽는 사람들조차 이미 대부분 평소에 어느 정도 독서를 좋아하는 사람들이 선택할 테니, '독서 찬양론'은 여기서 멈춘다.

어쨌든 이에 따라 난, 비교적 어릴 때부터, 학교와 학원에서 주는 정보가 '작은 창문'에서 나오는 빛이라는 사실을 본능적으로 느끼고, 비교적 비판적으로 이를 받아들일 수 있었다. 나는 그럼에도 불구하고, 학창시절 대부분의 시간을 학교와 학원에서 보내야만 했고, 이때부터 했던 생각과 경험들이 모여, 이 글을 쓰게 되었다.

—

물론 이 사실만으로는, 이 책의 목표와 의미에 대해, 충분히 설명해 주지 못한다. 따라서 지금부터는, 2년간의 시나리오 작업 중단과 6개월간의 에세이 출판 좌절에도 불구하고, 포기하지 않고 이 책을 쓰게 만든, 보다 구체적인 경험들을 소개할 것이다.

우선 초등학교 고학년 때부터, 난 슬슬 초등학교 교육이 지루해졌다. 특히 수학 분야의 경우, 더 빨리 배우고 싶은 것들이 있었지만, 배울 경로가 없었다. 따라서 일대일 방식의 수학학원을 다니기 시작했다. 그 수학학원에선 학생 개개인의 수준에 맞춰 진행해 주었기 때문에, 내 경우 올림피아드 문제만 풀어도 됐다. 올림피아드 문제는, 적어도 머리를 더 활용해야 했기에, 학교 수업보다 훨씬 재미있었다. 선생님과 원장님이 날 유독 예뻐하셨고, 원장님은 유명 톱스타들만 타고 다니는 풀 사이즈 밴*full-size van*으로, 직접 날 등·하원 시켜 주셨다.

비슷한 시점에 다니기 시작한 영어학원도 마찬가지였다. 미국에서 유수 대학을 졸업한 부부가 운영하는 학원은, 영어로 대부분의 수업을 진행했다. 당시 그들의 자녀가 우리 반에 있었기 때문에, 특히나 많은 애정과 관심을 받으며 수업을 들을 수 있었는데, 교재는 미국 다수 초등학교들에서 국어(영어) 교과서로 채택되어 사용되었던, 스콜라스틱 *SCHOLASTIC*사社의 『리터래시 플레이스*LITERACY PLACE*』였다. 당시 해외 수입이 쉽지 않았을 텐데, 원장 선생님은 출판사에 직접 전화해 이를 수입해 오셨다. 그녀는 아직까지도, 공교육과 사교육을 통틀어, 내 인생 최고의 선생님으로 남아 있다. 관련 주제는 이후에 다시 언급하겠지만, 이 경험만으로도 난 추후에, 공교육의 한계와, 사교육의 올바른 활용 가능성에 대해 함께 느끼게 되었다.

그러나 공교육에 대해 신뢰도가 급락하고 본격적으로 정이 떨어지게 된 첫 계기는, 종합반 과고반을 다니던 때 일어났다.[6] 다행히도 난, 과거 한국 교육을 다룬 시나리오를 집필한 적이 있기 때문에, 이를 서술하기 위한 노력을 별도로 들이지 않아도 될 것이다.

친구의 질문에 자신감이 붙었는지, 다원이 손을 번쩍 든다.

현수(학원 수학 선생님) - 다원.
다원 - (원의 방정식을 가리키며) 그럼 저 식을 어디에 쓰는 거예요?
현수 - 응?
다원 - 저 식을 왜… 배우는 거예요?
현수 - 그게 뭔 소리야. 너 문제 안 풀 거야?

현수가 역시 성을 내며 묻는다.

---

6) 물론 종합반 학원은 사교육에 해당하지만, 그 존재 의미가 공교육의 한계를 보완함이 아니라, 공교육에 미리 대비하기 위함이기 때문에, 논의가 뒤틀리지는 않을 것이다. 즉, 내가 다니던 수학, 영어 학원과는 달리 종합반 학원은, 공교육이 변하면, 따라서 변하는 속성을 가지고 있다.

다원 - 네? 아니….

현수 - 너 중학교 안 갈 거야? 고등학교 안 갈 거야?

다원 - 아니요….

현수 - 근데 왜 그런 질문을 하지?

현수의 시선이, 다원에서 출발해 교실을 훑고 다시 다원으로 돌아온다. 다원은 풀이 죽어 고개를 숙인 채, 학원 교재만 뚫어져라 바라본다.

현수 - 응?

분위기가 다소 냉각되고, 침묵이 흐른다. 다원의 얼굴이 굳은 표정으로 시뻘게진다. 현수가 천천히 다시 학원 교재로 시선을 떨군다.

현수 - 자… 그래서, 예제를 풀어 볼 텐데….

다원은 끝끝내 무표정으로 교재를 응시한다. 현수의 목소리가 희미하게 들린다.

- 최정원, 미완성 시나리오 「돌연변이」 中[7]

「돌연변이」는 내 경험을 바탕으로 재구성한 시나리오이기에, 당시 최대한 실제 상황과 가깝게 서술하려 노력했다. (원의 방정식'과 관련해선 역시 추후에 자세히 다룰 것이다.)

어쨌든 위와 같은 상황은, 내가 과고반을 더 다니지 못하고, 이후에 같

---

7) 사실 이 장면은, 개인적으로 클리셰*cliche*가 많이 느껴져 좋아하지는 않는 부분이다. 하지만 대체할 다른 방법이 없었다.

은 학원의 외고반으로 옮기게 된 결정에, 가장 치명적인 역할을 했다. 당시의 나는 어린 나이에도 불구하고, 진로를 변경하지 않으면, 이처럼 무질서하게 정리 안 된 정보들(이해할 수 없으며, 암기해야만 하는 내용들)이 누적될 것이라 직감했다.

반면 외고반으로 옮겨 추후 문과에 진학하면, 언어의 특성상, 영어와 국어에서는 위와 같은 상황은 적어도 덜 발생할 것 같았다. (물론 당시의 나는 너무 어렸고, 이는 '직감'에 불과했다.) 결론적으로 이는 올바른 결정에 가까웠지만, 영어와 국어에서는 더 복잡한 문제(2장에서 자세히 다룬다.)가 기다리고 있었으며, 외고반으로 옮긴 이후에도, 끝내 '원의 방정식'은 배워야만 했다….

중학생 때는 공교육에 너무나도 관심이 없었기 때문에, 시험공부를 거의 하지 않았고, 주로 게임에 몰두했다. 당시 인천지역 외고는 중학교 2학년 때와 중학교 3학년 때의 영어 등급을 바탕으로 학생들을 선발했는데, 예상되는 커트라인은 다음과 같았다; 인천국제고 : 1~1.25등급, 인천외고/미추홀외고 : 1.25~1.5등급.

중학교 2학년 때 내 영어 성적은 1학기 2등급, 2학기 3등급이었고, 3학년 때 두 학기 모두 1등급을 받아도, 평균 1.75등급으로, 탈락이 강하게 예상되었다. 사실 외고반으로 옮기게 된 이유에는, 반쯤은 '날로 먹고자' 했던 것도 있었기에,[8] 이는 내 자존심이 도저히 허락하지 않았고, 따라서 기적을 바라며 마지막 해 시험공부는 열심히 했다. 아쉽게도 결과는 1등급과 2등급으로, 종합 평균 2등급이 되었지만, 당시 외고에 대한 인기의 전국적인 하락과, 인천지역 신생 특목고들의 인기가 높아짐에 따라, 다

---

8) 영어도 어느 정도 자신이 있었고, 특히 국어의 경우, 나보다 더 책을 많이 읽은 학생은 전국에도 얼마 없을 것이라는 경험적 확신이 있었다.

행히도 인천외고의 경우, 당해 지원자가 정원에 미달하게 되었다.[9]

초등학생 시절 읽었던 이원복 교수의 『먼나라 이웃나라—일본 편』영향을 받은 나는, 영·일본어과를 선택해 입학하게 되었으며, 성공적으로 적응했다. 당시 우리 반엔 같은 '국제반' 출신 여학생이 있었고, 중학교 같은 반 출신 남학생이 있었기에, 더 수월했다.

모든 고등학교가 그렇지만 우리 학교 역시 수능 대비 위주로 수업이 진행되었는데, 일반고와 다른 점이 있다면, 텝스TEPS와 같은 고난이도 공인어학시험에 대비하기 위한 수업과, 영어 회화, 일본어, 일본어 회화 수업이 추가적으로 마련되어 있던 점이다. 친구들은 지원경쟁률이 미달이었음에도 불구하고 애초에 각 학교에서 '공부 좀 하던' 학생들이었기에, '면학 분위기'는 말도 안 되게 좋았다. (추후 일반고에서 전학 온 친구가 이 사실을 보증했다.) 첫 학기에 나는 영어 상반, 수학 중반에 배정받게 되었지만, 이후에는 성적이 점점 상승하여 심화반에도 들어가고, 성적순으로 들어갈 수 있는 기숙사에도 들어갈 수 있었다.

물론 이는 표면적인 모습에 불과하다. 나는 학교의 모든 수업에 전혀 집중할 수 없었는데, 가장 큰 이유는 수능형形 문제들을, 도저히 문제로 받아들일 수 없었기 때문이다. 내가 생각하기엔 정답이 없거나 선택지에 오류가 있었지만, 늘 정답은 있었고, 이는 '출제자의 의도'라는 표현으로, 그럴듯하게 포장되어 있었다. 이렇게 '논리적인 결함'을 포함한 문제(역시 2장에서 자세히 다룰 것이다.)들은, 국어와 영어에서 모두 찾을 수 있었지만, 영어, 특히 빈칸 추론 유형에서, 더 빈번하게 발생했다. 따라서

---

9) 내 기억이 맞다면, 당시 인천국제고는 1기 입학생을 뽑고 있었고, 미추홀외고는 2기 입학생을 뽑고 있었다. 심지어 자사고인 하늘고 역시 개교하여, 나와 같은 학생에겐 더없이 좋은 기회가 주어졌던 것이다. 아마 2년만 일찍 태어났어도, 이 모든 학생들이, 내가 지원한 인천외고에 몰렸을 것이다. 실제로 과거 인천외고의 입학 경쟁률은 최고 12:1에 달했다고 전해 들었다.

나는 '공부'하기를 포기하고, '문제 푸는 기계'가 되기로 결심했다. 하루하루가 지날수록 나는 성장하지 못하고, 오히려 역^逆성장했으며, 삶의 의미를 느끼지 못하고, 걸어 다니는 '문제풀이 기계'가 되었다.

가뜩이나 학교에 있는 것 자체가 고문이었는데, 개인적인 이유로, 상황은 더 꼬여 들어갔다. 당시 고등학교 1학년이던 2011년 겨울, MBC에선 「나는 가수다」라는 프로그램이 방영되기 시작했다. 첫 회차 출연진은 박정현, 김범수, YB, 이소라, 김건모, 백지영, 정엽(이후 임재범, 김연우, 자우림, 인순이 등, 다른 프로그램에서는 볼 수 없었던 '초희귀' 가수들이 추가로 출연했다.)으로, 국내 최고의 실력파 가수들이 모여 히트곡을 바꿔 부르며 경쟁하는 프로그램이었다. 음악 애호가인 아버지의 영향으로, 나 역시도 해당 프로그램을 접하게 되었는데, 이는 내 인생의 중대한 전환점이 되었다.

당시 아이돌 음악에만 약간의 관심이 있었던 나는, 태어나서 처음으로 가사를 보며 음악을 듣는 경험을 하게 되었는데, 이는 내게 어마어마한 충격이었다. 어떻게 이렇게 완벽한 장르가 존재할 수 있나 싶었다. 가사는 시^詩의 역할을 하여, 그 자체로 예술이었고, 음^音 역시 마찬가지였다. 가수는 자신만의 고유한 색깔을 가지고, 신체적인 수련을 통해 무대를 선보였는데, 이 모든 하나하나의 예술이 모여, 새로운 거대한 예술을 만들고 있었다. '종합 예술'이란 이런 거구나 싶었다. 당시 관성으로 살던 내 삶에 충분할 만큼의 제동이 걸렸고, 이내 직업적인 관심으로, 깊게 번지게 되었다.

기다리고 기다렸던, 내 인생을 모두 걸어도 괜찮을 만한 분야를 마침내 찾게 된 나는, 비슷한 관심을 가지고 있던 영·스페인어과 친구와 함께 실용음악학원에 등록하고 싶다고 부모님께 말씀드렸다. 결과적으로,

그 친구는 잠깐 다니다가 적성에 맞지 않아 그만두게 되었으며, 나는 대학에 입학한 이후에 배우기로 했다. 당시 높아져 가던 내 성적과, 오랜 기간 보이던 학습 재능에 대한 기회비용이 크다는 판단에서였다. 지금은 예술의 길을 걷지 않게 되었기에, 결과론적으론 나쁘지 않은 선택이었지만, 당시의 나는 너무 힘들었다.

비슷한 시점에 나는 농구를 하다가 오른쪽 발목을 크게 다치게 되었고, 그 때문인지 신체 불균형이 우울증과 겹치게 되면서, 일상생활이 모두 파괴되었다. 음악 탐구에 대한 갈증을 어디에서도 해결할 수 없었던 나는, 음악에 대한 관심이 집착으로 변하기 시작했다. 마치 '수능 금지곡'을 24시간 틀어 놓은 것처럼, 수업 시간, 자습 시간, 심지어는 수면 시간을 방해하면서까지, 머릿속에서 대중음악이 재생되었다. 수능 당일에는 이 집착이 정점을 찍어, 영어 듣기 녹음 파일보다, 머릿속 가상의 음악 소리가 더 크게 들렸다. 심지어 어린 나이부터 아버지가 클래식 음악을 늘 틀어 놓으셨기 때문인지, 어떤 음악이든 높은 완벽도로 나는 이를 재생시킬 수 있었다. (절대음감은 분명 아니었지만, 높은 수준의 상대음감이 내게는 있었던 것 같다.) 그럴수록 나는 죄책감을 느끼며 의식적으로 마음을 다잡고자 노력했고, 자발적으로 오후 11시까지 진행된 야자도 신청해 참가하였다.

하지만 그러면 그럴수록, '너의 진정한 관심사는 음악'이라는 사실을 잊지 말라는 듯, 무의식은 이를 더더욱 강렬한 집착으로 승화시켰고, 음악 소리는 커져만 갔다. 의식과 무의식은 한정된 내 뇌 에너지를 두고 확장적으로 경쟁하며, 자기들끼리 '냉전'을 벌였는데, 이는 내 일상생활에 필요한 에너지까지도 가져가, 언어 선택에 많은 시간이 걸렸고, 매순간 피로에 절어 동공에 힘이 풀린 채 생활해야만 했다. 아직 문제가 심각해

지기 전, 고등학교 1학년 때, 종종 내 말장난의 희생양(?)이 되었던 여학생은, 내게 '가장 재미있는 친구'라는 타이틀(고등학교 생활을 통틀어, 가장 만족스러운 칭찬이었다.)을 선사해 주었는데, 이후 그 친구가 피곤에 절어 있는 내게 반갑게 인사를 건넸을 때, 나는 아무 대처를 하지 못하고, 공격적인 눈으로 그녀를 째려봐야만 했다. 그녀는 무서워하며 자리를 떴다. 미안했고, 어쩔 수 없는 상황에, 죽고 싶었다.

그러나 대학에 가면 해결될 것이라는 기대 속에, 이 악물고 버텼다. 때때로 시야에 잔상이 크게 생기고 안압이 올라, 잔상 건너편의 글자와 사물들이 보이지 않았고, 이런 현상은 2시간 동안 지속되었다. 그때마다 공포가 어마어마하게 밀려 닥쳤고, 안과에 가도 이유를 찾을 수 없었으며, 이후 성인이 되어 운동을 시작하자, 이런 현상이 차츰차츰 사라졌다.

여러 가지 복합적인 페널티 속에서 내신, 모의고사 등의 시험을 봤어야 했음에도, 요상하게도 성적은 계속해서 올랐다. 나는 이를 고등학교를 떠난 지 적지 않은 해가 지난 지금도, 여전히 이해하지 못하고 있지만, 아마 유년기 독서와 사교육 기관에서 효과적으로 받은 영어교육 따위로 인한, '낭중지추(囊中之錐; 주머니 속의 송곳. 뛰어난 사람은 곧 드러나기 마련이다.)성 결과물'일 것이다. 하지만 아쉽게도 수능 날 정점을 찍었던 '냉전' 덕에, 난 수능 최저 기준이 있었던 수시 전형에서 모두 떨어지게 되었고, 정시로 인하대학교에 입학하게 되었다.

특목고를 졸업한 학생들은 기대치가 일반적으로 높기에, 만족스러운 결과를 받지 못하면 재수 역시 흔히 하는 선택이었지만, 당연히도 재수는 내 선택지에 없었다. (반면 내가 있던 심화반에 속한 친구들은, 재수를 포함해 거의 모두 국내 상위 5개 대학에 입학했다. 심화반은 학교 정원 약 300명 중, 모의고사 기준 상위 40명 학생들로 구성되어 있었다.)

처음에는 학교에 만족하지 못했지만, 이내 받아들였고, 오기 적절한 학교였다는 생각이 들었다. 무엇보다, 용케 버틴 내가 대견했다.

하지만 대학에 와도 문제는 해결되지 않았다. '냉전'은 좀 수그러들었지만 멈추지 않았고, 학교에서 받는 교육에서는 여전히 별 의미를 느끼지 못했다. 조금 더 실용적인 교육을 받고자 경영학과로 전과했지만, 극히 일부 교수님들을 제외하면, 생산적인 수업을 받을 수 없었다. 평소 사람에 관심이 많았던 나는 인사 분야와 잘 맞았고, 심지어 아주 생산적인 수업을 제공하는 교수님이 해당 분야에 계셨기에, 그 교수님의 수업을 모두 들었다. 하지만 이와 같은 수업들은 학생들에게, 비교적 인기가 없었다. 좋은 성적을 얻기 까다롭다는 이유에서였다. 그럼에도 어쨌든 경영학 역시, 당시 내 관심사 바깥의 것이었기 때문에, 학교생활은 거의 포기하고, 여러 음악학원을 전전했다.

슬프게도, 그렇게 바라고 바라던 실용음악학원은, 내 기대와는 다른 곳이었다. 특히 가장 궁금해하던 화성학은, 애초에 국내에 '이해'를 위한 교재 자체가 없었다. 수능과 똑같았다. 그저 암기에 문제풀이를 위한 책들밖에 없었고, 아마 이는 학생들을 대학 실용음악과에 진학시키기 위한 목적으로 출판되었기 때문인 것 같았다. 아주 실용적으로 진행되던 보컬 수업은, 불균형으로 인해 신체에 생긴 불필요한 긴장 때문인지, 전혀 진전이 없었다.

이후에 후회하지 않기 위해, 나는 마지막의 마지막까지 최선을 다했지만, 더 이상 학원에 다니는 의미가 없었기에, 이내 모든 학원을 끊어 버리고 휴식기를 가졌다. 당시의 난, 몸과 정신이 너무 지쳐 있었다. 사회와 타인을 보는 눈 역시, '증오'에 가까워져 있었다. 정치적 스탠스 역시 극좌파에 가까웠다.

이후에도 많은 시간이 의미 없이 흘러갔지만, 결정적으로 법륜 스님의 한 강연에서 영감을 받은 나는, 관성으로 살던 삶을 멈추고, '하루 2시간 독서'를 다시 시작하게 되었다. 하지만 더 이상 '취미'로 책을 읽을 동기는 생기지 않았기에, 한국의 교육사회를 다루는 이야기를 쓰겠다는 구체적인 목표를 세웠다. 나만큼 '요즘 학생'들을 잘 이해하고 있는 사람도 드물고, 교육 전선의 최전선에서 싸웠으며, 동시에 최전선을 객관적인 시각으로 바라볼 수 있는 사람은, 드물 것이라 생각했다.

게다가 이야기를 통해 예술계에 발을 들여 놓고 경제적으로도 독립이 되면, 음악을 공부하기 위한 괜찮은 밑바탕이 되어 줄 것이라 생각했다. 이 시점에서 박훈정 감독의 「마녀」를 우연히 보게 되었고, 배우 김다미의 연기에 너무 큰 매력을 느낀 나머지, 김다미를 주연으로 하는 영화의 시나리오를 쓰기 시작했다. (그녀가 나와 동갑이라는 사실 역시, 너무나 좋았다.) 내가 이야기만 잘 써서 영화사를 설득시킬 수만 있다면, 충분히 가능성 있는 게임이라 생각했고, 당시 관심 있던 '대중 종합 예술'이라는 장르에 역시, 영화는 넘칠 정도로 잘 맞아 떨어졌다. 정신적인 '역성장'은 빠르게 멈췄고, 7년 동안 이어져 오던 우울증과 냉전이 종식되는 데에는, 6개월이라는 시간만이 필요했다.

시나리오를 완성시키기 위해 난 최선을 다했다. 심리학, 정신분석학, 시나리오 작법, 음악, 교육학, 비교교육학, 진로교육학, 경제학, 철학, 뇌과학, 심지어는 동북아시아 음식 조리법을 포함한, 경계가 모호하고도 시나리오 내용과 직결된 분야의 도서를 깊고도 다양하게 읽었고, 각 분야 전문가들과의 대화를 통해, 이를 검증했다. 하지만 결국, 2년이 이미 지난 시점에서, '예술의 한계'[10]에 봉착할 수밖에 없었고, 9년간 포기하지

---

10) 여기서 자세한 내용을 모두 다룰 수는 없다. 하지만 예술은 사회문제의 구체적인 해결 방안을 논의하게끔 촉발하는 역할과는, 다소 맞지 않는다. 영화의 경우, 이러한 목적을 가지고 집필된 시나

않고 있던 예술의 길을 중단할 수밖에 없었다. 그러나 이 짧지 않은 여정은 어떤 방식으로든 마무리되었어야 했기에, 에세이로 장르를 변경해 이 책을 쓰게 되었다.

이후 내가 두 번째로 고려하던 진로인 금융투자 분야는 내 희망 분야가 되었고, 꾸준히 공부하고 있다. (아직 갈 길이 멀어 이런 평을 내리기 적합하지 않지만, 이는 실로 예술과 멀지 않은 분야인 듯하다!) 넷플릭스Netflix 다큐멘터리, 인사이드 빌게이츠Inside Bill's Brain 시리즈를 통해, 자선사업가philanthropist[11]로서의 장기적인 목표도 생겼다. 아마 진로 선택에 오랜 시간이 걸린 만큼, 죽을 때 이 분야를 선택했다는 사실에, 후회는 없을 것 같다.

리오는 리얼리즘realism이 되기 쉬운데, 사회학적 시선에서 출발한 리얼리즘 영화는 모든 것을 이념적으로 만들어 버리며, 결과적으로 원래 작가나 감독이 가지고 있던 목적과, 필연적으로 거리가 멀어지게끔 되어 버린다. 예컨대 봉준호 감독의 「기생충」이 대표적이다. 난 그의 열렬한 팬이지만, 「기생충」은 내겐, 영화라는 장르의 한계를 여실히 보여 준 작품이다. 그는 전작 「설국열차」에서 보여 주었던 막시즘Marxism적 구성에서 벗어나, 선과 악, 부자와 빈자가 뒤섞이는 탈이념적 아이디어를 넣고자 했던 것으로 보이지만, 실제로 관객 입장에서 어떻게 받아들여졌을지는, 다소 의문이다. 나 역시도 이와 비슷하게 사회에 대한 증오에서 벗어나, 교육 문제의 현실적이고 근원적인 문제점을 꼬집고 싶었지만, 영화라는 수단으로는 결국 이념적인 결과물이 도출될 수밖에 없었다. 따라서 에세이로 장르를 변경했다. 더불어 이후 음흡예술을 통해 이루고자 하는 바 역시 이와 큰 틀에서 다르지 않았기에, 음예술 역시도 포기하게 되었다. 예술은 9년간 내게 '신'이었지만, 막상 부딪혀 보니 '천사와 악마' 정도였던 것이다. 물론 난 여전히 잘 만들어진 예술을 사랑한다. 말나온 김에 하나만 덧붙이자면, 영화라는 장르의 장점을 극대화시키는 분야는, 액션, 코미디, 판타지, SF이다. 이에 따라 난 크리스토퍼 놀란Christopher Nolan이 역사상 최고의 감독이라 생각하며, 개인적으로는, 봉준호 감독의 코미디 영화 개봉을 기대하고 있다.

11) 내가 생각하는 자선사업은, 막대한 자금을 바탕으로, 정부라는 존재가 해결할 수 없거나, 관료주의적 한계로 보호해 주지 못하는 약자들을 보호해 주고, '공정한 출발선'을 마련해 줄 수 있는 역할을 한다. 동시에 기업의 운영자 또는 주주로서 수익도 누릴 수 있다. '선순환'을 조금 더 지구적인 관점으로 확대시킨 방식이다. 하지만 난 금융투자 분야 역시, 사회의 선순환을 이끄는 역할을 충분히 해 준다고 생각하기에, 죽을 때까지 금융투자 분야에 몸을 담고 싶은 생각도 있다. 본질적으로 둘은 사업과 투자의 영역이라 크게 다르진 않아 보인다. 원래 좋은 기업은 세상을 더 공정하게 만드는 데에 일조한다. (인터넷과 컴퓨터 소프트웨어를 생각해 보라.) 말이 나온 김에, 내가 만들었지만 멋진 말을 소개한다. "Why should we volunteer? If we can win-win!" 우리가 '윈윈' 할 수 있다면, 굳이 왜 '봉사'를 해야 하는가? 굳이 서로 좋아질 수 있는데, '제로썸' 게임을 해야 할 필요는 없다고, 나는 생각한다.

2. 한국 공교육의 문제점

 앞서도 잠깐 언급했지만, 교육사회에 대한 문제는, 난 반드시 학생의 시각에서 출발되어 다루어져야 한다고 생각한다. (교육은 학생을 위한 것이기에, 이는 너무나 당연하다!) 따라서 이 책의 접근 방식은 다소 특이한 구성을 취하게 될 것이다. 거시적인 '숲'의 모습을 보고 나무를 바라보는, 일반적인 '거시→미시' 구성을 포기하고, 학생 입장에서 시작해, 이후에 숲의 모습을 바라보는, '미시→거시' 구성을 가진다.

 이런 구성의 한계는 사실 명확한데, 모든 작은 요소들을 하나하나 세세하게 다룰 수 없기에, 필연적으로 놓치는 부분들이 생긴다는 점이다. 따라서 아마 여러분들은 이 책에서, 교육과 관련해 TV토론에 종종 등장하는 여러 가지 '자질구레한' 논쟁들('정시 수시' 비율이라든지, '입학사정관제도의 장단점'이라든지)을 찾아볼 수 없을 것이다.

 하지만 이 책은 에세이이고, 앞서도 내가 실제로 한 경험들을 바탕으로 서술할 것이라 고백했기에, 내게 여러 삶을 살아 볼 신적神的인 능력이 없는 한, 이는 어떠한 경우에도 뛰어넘을 수 없는 것이다. 앞서 언급한 '자질구레한 논쟁'들은 언젠간 해결되어야 할 문제가 분명하지만, 적어도 내가 보기엔 현 시점에서 가장 중요한 문제들은 아니다. 우리는 현재, 조금 더 본질적이고 중요한 문제에 집중해야만 한다.

반면 위와 같은 구성의 장점도 있는데, 지극히 '현실적으로' 문제들을 다룰 수 있다는 점이다. 이론을 세워 두고 적용하는 것이 아닌, 현실을 바탕으로 이론을 세우는 방식이다. [12]

다시 한 번 말하지만, 난 우리 교육사회가 현실을 직시하고 큰 변화를 만들어야만 하는 시점에 왔다고 생각하며, 내가 겪은 지옥 같았던 삶을, 성실하고 재능 있으며 탐구 의지가 있는 미래의 고등학생들이 겪어야 할 필요가 없다고 생각한다. 필요한 고통은 감내해야 하지만, 불필요한 고통은 비효율의 원인이 되므로, '변화'시켜야 한다. (그렇다고 정책 당국자들이 이런 비효율에 손을 놓고 있었던 것은 아니다. 나는 그들이 지금까지 '보완'하는 방식의 변화를 선택했다고 생각한다.)

지금부터는 내가 학생 때부터 가져 오던, 그리고 많은 학생들이 여전히 의식적·무의식적으로 가지고 있을 흔하디흔한 의문점들에 대해, 가능한 한 냉철하고 논리적인 시각으로 분석한다. 필자가 문과 출신이기에, 문과 기준으로 소개한다. 더불어 해당 장은 전문가들에게 메시지를 전달하는 목적으로 설계되었기 때문에, 관심이 깊지 않은 대중들의 경우, 세세한 논증은 속독으로 넘기시길 추천드린다.

—

비非연속성

첫 번째 문제는 '비연속성'이다. 한국 교육이 주입식·암기식 교육이라

---

12) 사실 둘 사이의 경계는 다소 모호하긴 하지만, 통시적으로 우리는 후자의 방식으로 문명을 일궈 왔다. 인간이 완벽하지 않기 때문일 것이다. 전자와 후자의 방식이 가장 격렬하게 대립을 이룬 것은, '냉전Cold War'일 것이며, 사회주의의 몰락은 전자의 방식이 가진 한계를 의미하는 것일 테다.

는 비판을 받는 이유는 이 때문이다. 문제를 더 자세히 들여다보기 위해, 앞서 언급했던 '원의 방정식'을 자세히 들여다보는 것은, 큰 도움이 될 것이다.

〈그림 1〉 원의 방정식

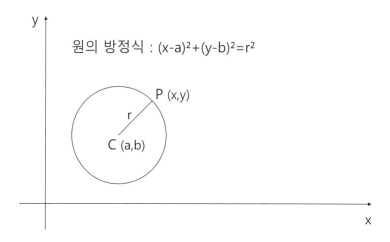

원의 방정식은 이렇게 생긴 녀석이다. 나는 중학교 1학년 때 위 공식을 처음 접하게 되었지만, 실제로는 고등학교 1학년 과정이라 한다. 나는 시나리오를 집필하는 과정에서, 이 공식을 이해하기 위해 인터넷을 모두 뒤졌지만, 아쉽게도 충분한 설명이 담긴 자료를 찾을 수 없었으며(그만큼 우리 교육사회가 '이해'를 포기하고 있다는 것이다.), 따라서 유클리드 *Euclid* 기하학을 따로 공부해야만 했다. 내가 이해한 대로, 최대한 간략하게 설명하자면 '원의 방정식'이 나오게 된 원리는 다음과 같은 과정을 거치게 된다.

우선, 먼저 우리가 알고 있는 '피타고라스의 정리'가 탄생하게 된다. 피타고라스*Pythagoras*는 B.C. 5세기경의 사람이지만, 우리가 잘 정리된 기록으로서 확인할 수 있는 가장 좋은 자료는, 당시의 기하학이 집대성된 유클리드의 『기하학원론』이다. (유클리드는 B.C. 3세기경의 사람이다.) 우리가 '암기'한 대로, '피타고라스의 정리'는 다음과 같은 녀석이다.

〈그림 2〉 피타고라스 정리

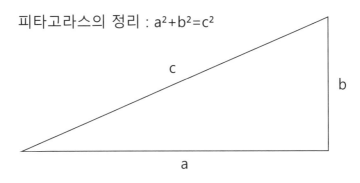

피타고라스의 정리 : $a^2+b^2=c^2$

우리는 원의 방정식 역시, 피타고라스의 정리를 따르고 있는 것을 확인할 수 있다. a 대신 (x-a)를 대입하고, b 대신 (y-b), c 대신 r을 대입하면, 원의 방정식이 도출된다. 따라서, '원의 방정식'은, '좌표평면' 위에, '피타고라스의 정리'를 활용하여, '원'이라는 도형을 '방정식'의 형태로 나타낸 것이라 볼 수 있다.

따라서 '원의 방정식'을 '이해'하려면 '좌표평면', '피타고라스의 정리', '원', '방정식'을 이해해야 한다. 공교육과정의 설계자들이, 학생들에게 원의 방정식을 교육시켜야 한다고 판단했다면, 당연히 반드시 위 네 가지 요소들을 이해시킨 다음 단계에야 이루어져야 한다.

다행히도, '좌표평면', '원', '방정식'을 이해하기란 어렵지 않다. (사실이 세 요소는, '암기'하는 것이 더 어렵다. 학생들이 위 세 요소들의 '정의'를 모르고 있다고 하더라도, 아마 비언어적이고 추상적인 형태로나마,

대부분 충분한 수준에서 '이해'하고 있다고 생각한다.) 하지만 '피타고라스의 정리'를 이해하는 것은, 결코 직관적이지 않으며, 여러 수학적 논리들이 그 밑에 깔려 있기 때문에, 쉽지 않다.

아마 '피타고라스의 정리'를 완전히 이해하는 것은, 특히 문과생들에겐, 대학 수업으로 거의 한 학기 분량에 해당할 것이다. 이해를 '원의 방정식'까지 확장시키기 위해선, 약간의 배경지식도 있어야 한다. 피타고라스와 유클리드가 살던 시절에는, 좌표평면과 방정식의 개념이 존재하지 않았다. 이 두 개념은, 대수학*Algebra*을 정리한 르네 데카르트*Rene Descartes*('나는 생각한다, 고로 존재한다. *Cogito, ergo sum.*'를 말한 그 사람 맞다.)에 의해, 17세기가 되어서야 등장하게 되었다.

유클리드의 『기하학원론』에는, '법칙 47'에 이 '피타고라스 정리'가 등장하게 되는데, 이 책은 앞의 법칙을 이해해야 다음 법칙을 이해할 수 있는, 점진적이고 연속적인 구성을 가지고 있다.[13] 우리는 이 책에서 '피타고라스 정리'를 이해할 수는 없겠지만(나 역시 법칙들을 중간중간 스킵했다.), 적어도 이 책이 가지고 있는 구성에 집중해야 하며, 이해해야 한다.

이 책을 펼치면, 다음과 같은 '약속'이 나온다.

---

13) 내가 참고한 책은, 유클리드*Euclid*, 이무현 옮김, 『기하학 원론―평면기하』, KYOWOO, 1997. 이다.

공리

다음을 사실이라고 받아들이자.

1. 모든 점에서 다른 모든 점으로 직선을 그을 수 있다.

2. 유한한 직선이 있으면, 그것을 얼마든지 길게 늘일 수 있다.

3. 모든 점에서 모든 거리를 반지름으로 해서 원을 그릴 수 있다.

4. 직각은 모두 서로 같다.

5. 두 개의 직선이 있고, 다른 한 직선이 이 두 개의 직선과 만나는데, 어느 한쪽의 두 내각을 더한 것이 두 개의 직각보다 작다고 하자. 그러면 두 직선을 얼마든지 길게 늘였을 때, 두 직선은 내각을 더한 것이 두 개의 직각보다 작은 쪽에서 만난다.[14]

상식

1. 어떤 것 둘이 어떤 것과 서로 같다면, 그 둘도 서로 같다.

2. 서로 같은 것들에다 서로 같은 것들을 더하면, 그 결과도 서로 같다.

3. 서로 같은 것들에서 서로 같은 것들을 빼면, 그 결과도 서로 같다.

4. 서로 일치하는 것들은 서로 같다.

5. 전체는 부분보다 더 크다.[15]

유클리드의 『기하학원론』이 기하학의 바이블로 꼽히는 이유도, 이 때

---

14) 사실 공리 5번으로부터 발전한 것이 비非유클리드 기하학이라 한다. 프랑스의 수학자 앙리 푸 앵카레Henri Poincare의 반평면 모형에서, x축에 수직인 직선과 x축에 중심을 갖는 반원들(우리가 흔히 이야기하는 '곡선' 형태)을 '직선'이라고 가정(?)하면, 공리 1번에서 4번까지는 모두 성립하지만 공리 5번은 성립하지 않는다고 한다. 선분을 점으로 갖는 '비유클리드 n차원' 모델은 실생활에서도 많은 곳에서 사용되고 있다고 하며, 수학적으로도 오히려 유클리드 기하학이 일반적인 경우가 아닌 '특수한 경우'에 해당한다고 하니, 역시 배움의 세계는 끝이 없는 듯하다. 자세한 내용은 황준묵 교수의 2018 봄 카오스 강연, 「모든 것의 수數다-5강」을 참고하시길 바란다. (https://www.youtube.com/watch?v=R3tc-hGrU0)

15) 같은 책, p5.

문이다. 유클리드는 지극히 기본적인 '상식'과 몇 가지 약속인 '공리'만으로, 여러 가지 중요한 법칙들을 증명해 냈다. 우리는 여기서 '법칙 1'과 '법칙 2'만 살펴본다. 그의 책을 보다보면, 기하학의 위대함과, 수학이 필수과목으로 지정된 이유를, 뼈저리게 느낄 수 있다.

법칙 1
유한한 길이의 직선을 주었을 때, 그것을 써서 정삼각형을 만드시오.[16]

우리에겐 다음과 같이, 유한한 길이의 직선이 주어진다.

〈그림 3〉 직선 AB

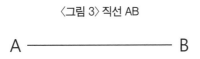

이것만으로 우리는 정삼각형을 만들어야 한다. 나는 처음 이 문제를 보고, 막막함만이 느껴졌다. 학창시절에 나름 수학 좀 한다는 사람이었고, 고교 시절 모교에서 몇 년에 한 번 꼴로 나온다는 '수학 시험 만점자' 타이틀을 보유했었음에도 불구하고 말이다. 우리는, '공리 3'에 따라, 점 A를 중심으로 하고, 직선 AB를 반지름으로 하는 원을 그릴 수 있을 것이다.

---

16) 같은 책, p6.

〈그림 4〉 원 BCD

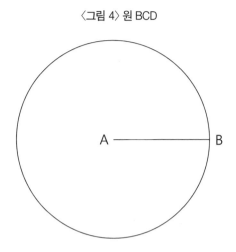

다음은, 같은 공리에 따라, 점 B를 중심으로 하고, 직선 AB를 반지름으로 하는 원을 그린다.

〈그림 5〉 원 ACE

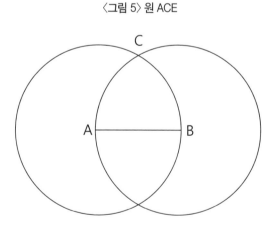

그리고 서로 만나는 점을 C라고 한다. 만약, '공리 1'에 따라, 점 C에서, 점 A와 점 B로 직선 CA, CB를 그린다면, 다음과 같이 된다.

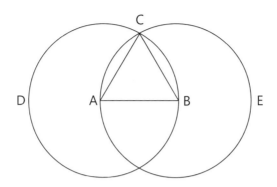

〈그림 6〉 원 BCD, ACE

점 A는, 원 CDB의 중점이기 때문에, 직선 AC와 AB의 길이는 같고, 점 B는, 원 CAE의 중점이기 때문에, 직선 BC와 BA는 길이가 같다. '상식 1'에 따라, 어떤 것 둘이 어떤 것과 같으면, 그 둘도 서로 같기 때문에, 세 직선 CA, CB, AB는 모두 길이가 같다. 그러므로, 삼각형 ABC는 정삼각형이다! 대단하지 않은가?

다음은 '법칙 2'이다.

법칙 2

유한한 길이의 직선과 어떤 점을 주었을 때, 그 점을 끝점으로 하여 주어진 직선과 길이가 같은 직선을 그으시오.[17]

이번엔 다소 복잡하다. 우리에겐 다음과 같이, 점 하나와 직선 하나가 주어졌다.

---

17) 같은 책, p7.

〈그림 7〉 점 A와 직선 BC

이를 해결하기 위해, '공리 1'에 따라, 점 A에서 점 B로 직선 AB를 긋는다.

〈그림 8〉 직선 AB

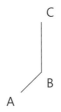

그렇다면, 앞서 확인한 '법칙 1'에 따라, 정삼각형 DAB를 그릴 수 있을 것이다.

〈그림 9〉 정삼각형 DAB

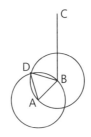

이제 '공리 2'에 따라, 직선 DA를 길게 연장해 직선 AE를 긋고, 직선 DB를 길게 연장해 직선 BF를 긋는다.

〈그림 10〉 직선 AE와 직선 BF

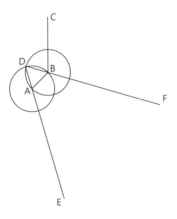

다음은, '공리 3'에 따라, 점 B를 중점으로 하고, 직선 BC를 반지름으로 하는 원 CGH를 그린다.

〈그림 11〉 원 CGH

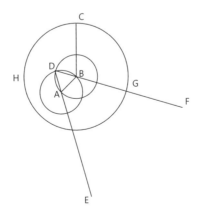

우리는, 점 D를 중점으로, DG를 반지름으로 하는 원 GKL 역시 그릴 수 있을 것이다.

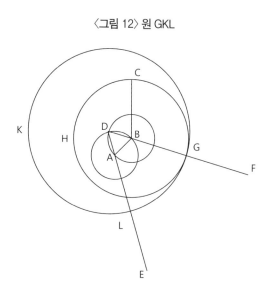

〈그림 12〉 원 GKL

점 B는, 원 CGH의 중점이기 때문에, 직선 BC와 BG는 길이가 같다. 또한 점 D는, 원 GKL의 중점이기에, 직선 DL과 DG는 길이가 같다. '상식 3'에 따라, 직선 DA와 DB는 길이가 같기 때문에, 직선 AL과 직선 BG는 길이가 같다. '상식 1'에 따라. 어떤 것 둘이 어떤 것과 같으면 그 둘도 같기에, 직선 AL, BG, BC는 길이가 같다. 우린 이를 통해, 주어진 직선 BC와 길이가 같고 점 A를 끝점으로 하는 직선 AL을 그렸다. [18]

이는 내게는 무無에서 유有를 창조한 것과 같았고, 이에 따라 '수학', 더 정확히는 '기하학'이, 사고력을 높여 준다는 말은, 진실인 것 같았다.

---

18) 위 '법칙'들의 증명 과정은 역시, 같은 책, p7~8을 참고하였다. 나는 내 언어로 옮기기 위해 다소 노력했을 뿐, 사실 책에 나온 내용 그대로라 봐도 무방하다.

이런 유클리드의 접근법은 점진적이고 연속적인 접근법이며, '이해'를 목표로 하는 접근법이다. 반면, 대한민국 수학 교육처럼 원의 방정식을 암기하는 방식은, 비연속적인 접근법이며, 그저 이미 '정해 놓은 목표'에 빠르게 도달하기 위한, '치팅cheating'이다.

미국에선 대수와 기하학을 나눠서 가르친다. 이는 기하학과 대수가 다른 출발점을 가지고 있기 때문이며, 기하학이 한참 먼저 출발했기 때문이다. 비연속적인 접근법에는 간극gap이 생기기 마련이다. 그 간극은 학생들이 현실적으로 말도 안 되는 추가적인 노력을 들이지 않는 한, 암기로만 채울 수 있다. 이런 몫을 학생들에게 무책임하게 떠넘기는 것은, 대한민국의 국가 교육이 추구할 바가 되지 못한다. 완벽한 묘사는 아니지만, 대한민국 공교육의 난이도를 '좌표평면'에 그려보면 다음과 비슷한 모양새를 띨 것이다.

〈그림 13〉 대한민국 공교육의 난이도 그래프[19]

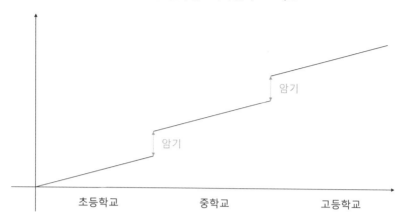

초등학교　　　　　중학교　　　　　고등학교

　대표적인 예를 들기 위해 '원의 방정식'을 사용했지만, 아마 대한민국에서 공교육을 경험한 거의 모든 이들은, 영어, 국어와 같은 여타 필수과목에서도, 중학교에 진학한 직후와 고등학교에 진학한 직후, 위와 같이 급격하게 수업 난이도가 상승했다는 느낌을 받은 적이 것이다.

　나는 방금 한국 교육의 '비연속성'을, '원의 방정식' 사례를 통해 일부 증명하고자 했다. 따라서 내용이 다소 과했을 수 있지만, 이번 장은 전문가들에게도 특히나 도움이 되었으면 하기에, 같은 기조를 유지할 것이다. 따라서 일반 대중들은, 이 장을 속독하는 것도 괜찮을 것이다. 어쨌든 이러한 '비연속성'이 존재하는 이유는, 앞서 언급한 바와 같이, '이미 정해둔 목표치'를 충족시키기 위해서라 볼 수 있다. (이에 대해선 다음 장에서 자세히 알아본다.)

---

19)　이 시점에서 잠시 해당 그림과 함께, 이 책의 표지를 봐 주시길 바란다. 상부의 붉은색 그래프는 비연속적인 현행 공교육의 난이도 그래프이며, 푸른색은 정상적이며 이상적인 연속성을 띠는 난이도 그래프이다. 하부에는 이에 따라 증가하는 학생들의 역량을 삼각형의 너비로 표현했다. 붉은색 삼각형 세 개의 너비의 합보다 푸른색 삼각형 너비가 압도적으로 크다.

상실한 언어교육의 목표—국어

대한민국 교육의 수준을 판단할 수 있는 대표적인 국가시험은 '수능'이다. 한국의 중등교육과정은 사실 수능을 위한 준비단계이며, 대입정책에서 수시 비율이 증가했다고 하더라도, 가장 밑바탕에 수능이 깔려 있는 것은, 분명한 사실이다. (학생들은 이를, 아마 몸으로 느끼고 있을 것이다. 역시 자세한 것은 다음 장에서 다룬다.) 따라서 지금부터는, 학생들이 가장 직접적으로 맞이하기 쉬운 교육시스템인, '수능' 문제를 바탕으로 논의를 진행한다.

위 '언어교육'이라는 표현 속의 '언어'라는 단어는, 수능 필수과목인 '국어'와 '영어'를 포괄한 개념으로 이해해 주시면 된다.

—

최승호 시인이, 본인의 시가 실린 수능문제를 모두 틀렸다는 이야기는 유명하다. 그는 우리가 고등학교에 다닐 때, 수능 대비 문제로 자주 다뤘던, 「북어」, 「아마존 수족관」, 「대설주의보」의 작가이다. 그는 '작가의 의도를 묻는 문제를 진짜 작가가 모른다면 누가 아는 건지 참 미스테리'하다고 밝힌 바 있다.[20]

죄송하지만 이 점은 최승호 시인께서 틀리셨다. 수능문제는 '작가의 의도'를 파악해야 하는 문제가 아니다. '출제자의 의도'를 파악해야 한다.

---

20) 이원진, 「[토요인터뷰] 최승호 시인 "내 시가 출제됐는데, 나도 모두 틀렸다"」, 『중앙일보』, 2009. 11. 21.

(이것이 '출제자의 의도'를 파악해야 한다는 주장의 가장 본질적인 논리적 결함이다!) 나 역시 학창시절에, 이러한 결함을 종종 맞이해야만 했다. 수능 언어문제에선, 배경지식이 많을수록, 주어진 수능문제에서 오답을 고를 확률이 증가할 수 있다. 다음은 2013학년도 수능 국어영역에 출제된 이시영 시인의 시이다.

(다) 내 마음의 고향은 이제
참새 떼 왁자히 내려앉는 대숲 마을의
노오란 초가을의 초가지붕에 있지 아니하고
내 마음의 고향은 이제
토란 잎에 후두둑 빗방울 스치고 가는
여름날의 ㉣고요 적막한 뒤란에 있지 아니하고
내 마음의 고향은 이제
추수 끝난 빈 들판을 쿵쿵 울리며 가는
서늘한 뜨거운 기적 소리에 있지 아니하고
내 마음의 고향은 이제
빈 돌길을 걸어 걸어 흰 옷자락 날리며
서울로 가는 순이 누나의 파르라한 옷고름에 있지 아니하고
내 마음의 고향은 이제
아늑한 상큼한 짚벼늘에 파묻혀
나를 부르는 소리도 잊어버린 채
까닭 모를 굵은 눈물 흘리던 그 어린 저녁 무렵에도 있지 아니하고
내 마음의 마음의 고향은
싸락눈 홀로 이마에 받으며
내가 그 어둑한 신작로 길로 나섰을 때 끝났다
눈 위로 막 얼어붙기 시작한

작디작은 ⑩수레바퀴 자국을 뒤에 남기며

　　　　　　　　　　　　　- 이시영, 『마음의 고향 6 - 초설』

34. (다)를 이해한 내용으로 적절하지 않은 것은?

① 고향에서의 삶과 관련된 소재들을 열거하고 있다.

② 감각적 심상을 활용하여 화자의 정서를 드러내고 있다.

③ 고향의 특정 인물에 대한 기억을 떠올리면서 시상을 반전시키고 있다.

④ 고향을 떠나올 때의 장면으로 시상을 마무리하면서 시적 여운을 남기고 있다.

⑤ 고향에 대한 상실감을 내세워 고향에 대한 화자의 그리움을 담아내고 있다.

35. ㉠~㉤에 대한 설명으로 적절한 것은?

① ㉠ : '폭포'의 낙하가 지닌 항상성을 나타낸다.

② ㉡ : '폭포'가 지닌 긍정적 속성들이다.

③ ㉢ : 화자와 공동체가 화합을 이루는 공간이다.

④ ㉣ : 화자의 절망적인 상황을 드러낸다.

⑤ ㉤ : 화자가 지향하는 미래를 표상한다.

21)

예컨대 이런 문제의 경우이다. 나는 시나리오 집필 과정에서, 영화에 등장시킬 문제를 선별하기 위해, 이미 학창시절에 풀었던 수능 기출문제들을 풀어야만 했는데, 해당 시점에서 난 헤르만 헤세의 『데미안』을 읽고 깊은 감명을 받은 상태였다.

아직 읽어 보지 못하신 분들을 위해 잠깐 『데미안』에 대해 소개하자면, 『데미안』에서 주인공 데미안은, '넓은 책임감'을 가지고 살아가는 '성인聖人'에 가까운 이미지로 그려지게 된다. 남성과 여성의 사이에 있는 중성

---

21)　2013학년도 대학수학능력시험 언어영역 홀수형.

적인 모습, 그리고 소설 속에 등장하는 '아브락사스(선과 악의 모습을 함께 가지고 있는 신)'의 모습에, 가장 가깝게 그려져 있다. 이 소설이 나오게 된 시점은 1차 세계대전이 펼쳐진 직후였는데, 그 때문인지 데미안이 등장하는 마지막 장면은, 그가 전쟁터에 징집되어 퇴장하는 모습이다. 그 순간까지도 데미안은 인생의 '주도성'을 잃지 않고, 자기 발로 당당히 전쟁터에 걸어 들어갔고, 내게 이는 소크라테스*Socrates*가 '악법도 법이다'라고 말하며 자기 손으로 독배를 드는 모습을 연상시켰다. (이 설화가 사실인지 아닌지를 막론하고 말이다. 사실이 아니라고 하더라도, 이런 일화는 충분히 철학적으로 의미가 있다고 생각한다.)[22]

아직 군대를 가지 않은, 그리고 당시 '징병제'가 시대에 뒤떨어졌으며, '재능의 낭비'에 '극한의 비효율'이라며, 입대를 너무나 꺼려하던 대한민국 남성 중 한 명의 입장에서 이런 모습을 봤을 때, 반성하게 되었고, 본받게 되었다.

이제 다시 위 시를 보자. 당시 내게, 「내 마음의 고향」은, '유아적 의존성'의 공간이었다. 집구석에서 징병제를 비판하며, 아직 벗어던지지 못한 과한 젊음과 과잉된 자의식 속에 생활하는 공간이다.[23] '내 고향'이 아닌, '내 마음의 고향'이기에, 더더욱 작가가 그 '의존성'을 벗어던지고 싶어 하는 의도가 느껴졌다.

한편, 화자가 작은 수레바퀴를 끌며 가는 길은, '어른으로서의 책임감'

---

22) 여담이지만, 철학자들은 '악법도 법이다'라는 주장을 받아들여야 하고, 법학자들은 이를 거부해야 한다. 철학자들은 시민의 입장에서 사고했을 것이고, 법학자들은 법 집행자의 입장에서 사고했을 것이기에, 입장이 다르기 때문이다. 예전에 모 방송에서 나온 진중권 교수의 표현을 빌리자면, '손님은 왕이다'를 가게 주인이 해야지, 손님이 하면 '갑질'이 되는 것과 같다.

23) 5000년 후, 7021년의 한국인들이, 과연 2020년대에 징병제가 행해졌다는 사실을 '극한의 비효율'이라며 이해하지 못할까? 그들에게 있어선 불과 수십 년 전 벌어졌던, '동족상잔의 순간', 그리고 휴전 상태에서의 '대치 기간' 속 징병제는, 당연한 것일지 모른다. 물론 입대를 3개월 앞둔 지금, 많은 걱정이 들고, 여전히 군대에 가기란 그때만큼이나 싫지만, 우리가 시야를 더 넓게 가져 보면, 사실 이해 못할 일이란, 존재하지 않는다.

을 짊어지는 선택이라고 보였다. 헤르만 헤세가 즐겨 사용한 표현대로, 내가 절대로 멈출 수 없는 '거대한 수레바퀴'에 순응하고, 처한 현실에서 최선을 다하는 인간의 무한한 의지를 향한 모습이라 보였다. 이에 따르면 34번의 답은 5번, (해당 선택지가 위에 모두 나와 있진 않지만) 35번의 답은 5번의 가능성이 있었다. 하지만 34번의 답은 3번, 35번의 답은 1번이다.

물론 답을 알고 보면 '출제자의 의도'를 확인할 수 있고 '이해할 만하지만', 막상 이와 같은 입장에 처하게 된다면, 짧은 시간에 선택지를 고르는 데 적지 않은 혼돈이 온다. 이러한 문제는 고등학교 생활 전반에 걸쳐서 적어도 백 문제 이상은 본 것 같다.

이런 반복되는 '출제 오류(작가의 의도와 출제자의 의도가 상충하는 오류)'에는, 사실 이견을 논리적으로 제기하기도 어렵다. 문제가 제기된다고 해도, 대부분의 경우 평가원은 오답을 인정하지 않고, 논리적인 해명 없이 그들이 가진 권한을 남용해 '두루뭉술하게' 넘어간다. 학생이 충분히 납득이 되지 않아 학교와 학원의 선생님에게 들고 가서 물으면 학생들은 역시 '출제자의 의도를 확인하라'는 대답만 듣게 된다. (선생님들에게 누가 돌을 던지랴!)

하다못해 '설문지'를 작성해야 할 때조차, '가치중립(질문에서는 질문자의 의도가 느껴지지 않아야 함)'을 지켜야 하고, '상호배타적(주어진 선택지 사이에서 중복된 영역이 존재하면 아니 됨)'인 선택지를 수립해야만 하는데, 학생들의 피땀이 평가받는 국가시험 수능에서는, 이것이 지켜지지 않는다. '출제자의 의도'에 따라, 충분한 독해능력이 있는 학생들은, 예컨대 35번 문제에 5번 선택지 역시 '가능한 답'이라고 생각함에도 불구하고, 1번을 선택해야만 한다. 마찬가지로 평가원은 위 35번의 5번 선택지가 '아니라는 것'을, 명백하게 증명할 수 있어야 하지만, 늘 이를 회피하고 있다.

물론 난, 이와 같은 요소들을 모두 고려하고 출제하는 것이, 불가능에 가까울 정도로, 굉장히 어려운 일이라는 사실을 알고 있다. 만약 수능문제의 난이도를 아주 낮추고 초등학교 국어문제 수준으로 출제한다면 수능문제의 많은 오류들이 해결될 것이지만, 수능은 '대학들의 학생선발 지원 기능'을 포함하고 있기에, 전자를 선택한다면 후자를 포기해야만 한다. 이러한 현실 속에서 나름대로 출제자들은 본인이 쌓아 온 전문성을 최대한 활용하여 출제했을 테고, 문학작품이 가진 특성상, 출제의 난이도는 더더욱 증가했을 것이다. (아마 문학작품을 출제하는 것 자체가 불가능한 일일지도 모른다.)

또한 우리가 파악하지 못하는 내부적 사정도 있을 것이다. 인력이 충분하지 않을 수도 있고, 그들의 역량이 충분하지 않을 수도 있고, 경제적인 한계가 존재할지도 모른다. 시험을 출제하는 것 역시 사람이다. 사람으로서의 한계는 뛰어넘을 수 없는 것이다.

그러나 이와 같은 문제가 반복적으로 출제됨에 따라, 학생들이 수능 중심의 공교육 제도에 대한 불신이 과포화상태라는 점도 사실이다. 또한 논리적인 문제제기가 받아들여지지 않음에 따라 학생들에게, 무력감 또는 증오감이 학습될 가능성도 존재한다. (마치 내가 고등학교 졸업 때까지, '문제 푸는 기계'가 되기로 결심한 것처럼 말이다. 한참 일상생활을 살아가는 데에 필요한 지식과 지혜들을 배우고 빨아들여야 할 시기에, 슬픈 선택이 아닐 수 없다.)

사실 나는 수능문제가 '문학작품을 편향되게 이해시키게끔 한다'는 주장이, 이미 충분히 반복적으로 수능을 비판하는 주요 근거들로 사용되어 왔기에, '클리셰'에 가까워 다루고 싶지 않았지만, 일리는 있는 주장이기에, 그저 구체적인 사례를 통해 보여 드리고 싶었다. 이런 '주장들'은 늘 중요한 메시지를 던지곤 있지만, 추상적이고, 구체적인 사례를 제시하지 못하고, 이에 따라 당연히 실현 가능한 '현실적 대안'을 제시하지 못한다는 '치명적인 단점'이 있어 왔다. 따라서 정치적으로 오용될 가능성이 크다. (실제로 그래 왔던 것으로 보인다.)

주장을 뒷받침하는 근거가 충분치 않다면, 이는 '공중누각'에 불과하고, 이론적 세계에 머무게 되며, 만약 현실세계에 실행 가능한 '대안'이 존재하지 않기라도 하면, 이는 해롭기까지 하다. (심지어 비판자 본인에게도 말이다.)

이와 같은 문제가 반복되지 않도록, 근본적인 해결책을 찾으려면 다음과 같은 질문에 대답할 수 있어야 한다. 우리는 왜 학교에서 '국어'를 배워야 하는가? 우리 삶이 '국어'인데 말이다. 그러나 '국어'교육이라고 '영어'교육과, '언어'교육이라는 큰 틀에서, 근본적으로 다르진 않기에, '영어' 영역에서 학생들이 직면하는 문제들을 먼저 확인하고, 이를 한꺼번에 다루도록 한다.

—

상실한 언어교육의 목표—영어

영어도 언어이다 보니, 이와 비슷한 문제가 발생한다. 하지만 영어에서는 문학 작품이라고 할 만한 것을 별달리 다루지 않기 때문에(애초에 영문학을 '이해하려 시도'조차 하지 않는 듯하다. 이러고서 무슨 언어를 배우겠다는 말인가?), 더더욱 논리적으로 증명 가능하며, 파훼 가능하다.

이런 문제점들은 주로 '빈칸 추론'에서 등장하며, 우연인지 필연인지 '빈칸 추론'은 정답률이 낮아, 고득점을 받는 재능 있고 성실한 학생들에게, 특히나 중요한 문제이기도 하다. 다시 한 번 말하지만, 이 장은 전문가들을 상대로 썼기 때문에, 일반 대중들은 속독으로 넘기셔도 좋다. 국가 교육을 상대로 불충분한 비판을 제시하게 된다면, 이는 오히려 사회에 불필요한 방황을 야기하기 때문에, 어쩔 수 없었다.

[31~33] 다음 빈칸에 들어갈 말로 가장 적절한 것을 구하시오.

31. The concept of humans doing multiple tasks at a time has been studied by psychologists since the 1920s, but the term "multitasking" didn't exist until the 1960s. It was used to describe computers, not people. Back then, ten megahertz was so fast that a new word was needed to describe a computer's ability to quickly perform many tasks. In retrospect, they probably made a poor choice, for the expression "multitasking" is inherently deceptive. Multitasking is about multiple tasks alternately sharing one resource (the CPU), but in time the context was flipped and it became interpreted to mean multiple tasks being done simultaneously by one resource (a person). It was a clever turn of phrase that's misleading, for even computers can process only one piece of code at a time. When they "multitask," they switch back and forth, alternating their attention until both tasks are done. The speed with which computers tackle multiple tasks _____ that everything happens at the same time, so comparing computers to humans can be confusing.

① expels the myth

② feeds the illusion

③ conceals the fact

④ proves the hypothesis

⑤ blurs the conviction

24)

이 문제는 2015학년도 수능 영어영역 31번 문제이다. 나는 이 글이 우선, 읽으면 읽을수록, 정말 못 쓴 글이라고 생각한다. 이는 국가 공교육의 척도인 수능 영어, 그리고 그 안에서도 가장 중요한 역할을 담당하고 있는 '빈칸 추론' 영역에 출제된 문제라니, 믿을 수 없고, 창피하기 그지 없다. 그럼에도 불구하고, 가장 넓은 관용을 적용하여 읽어 보도록 하자.

The concept of humans doing multiple tasks at a time has been studied by psychologists since the 1920s, but the term "multitasking" didn't exist until the 1960s.

'다양한 작업을 한 번에 하는 인간'의 개념은, 심리학자들에 의해 1920년대 이후로 연구되어 왔지만, "멀티태스킹"이라는 용어는 1960년대까지는 존재하지 않았다.

It was used to describe computers, not people.

이는 사람이 아닌, 컴퓨터를 묘사하기 위해 쓰였었다.

Back then, ten megahertz was so fast that a new word was needed to describe a computer's ability to quickly perform many tasks.

그 당시, 10 메가헤르츠는 너무 빨라, 다양한 작업을 빠르게 수행하는 컴퓨터의 능력을 묘사하기 위해 새로운 단어가 필요했다.

---

24) 2015학년도 대학수학능력시험 영어영역 홀수형.

In retrospect, they probably made a poor choice, for the expression "multitasking" is inherently deceptive.

되돌아 생각해 보자면, 그들은 "멀티태스킹"이라는 표현이 본질적으로 기만적 이라는 점에서, 안 좋은 선택을 했을지 모른다.

Multitasking is about multiple tasks alternately sharing one resource (the CPU), but in time the context was flipped and it became interpreted to mean multiple tasks being done simultaneously by one resource (a person).

멀티태스킹은 한 리소스(CPU)를 교차적으로 공유하는 다중 작업이지만, 이내 문맥이 뒤집혔고, 이는 한 리소스(사람)에 의해 동시다발적으로 행해지는 다중 작업을 의미하는 것으로 해석되기 시작했다.

It was a clever turn of phrase that's misleading, for even computers can process only one piece of code at a time.

이는 컴퓨터들도 한 번에 한 조각의 코드만을 처리할 수 있기에, 오해를 불러일 으키는 교묘한 표현의 전환이었다.

When they "multitask," they switch back and forth, alternating their attention until both tasks are done.

그들이 "멀티태스킹"을 할 때, 양쪽의 작업이 완료될 때까지 그들의 집중을 교 차해 가며, 왔다 갔다 전환한다.

The speed with which computers tackle multiple tasks _____ that everything happens at the same time, so comparing computers to humans can be confusing.

컴퓨터가 다양한 작업들을 다루는 속도는, 모든 것이 동시에 일어난다는 _____, 컴퓨터와 인간을 견주는 것은 혼란스러울 수 있다.

① expels the myth / ① 미신을 타파하기에

② feeds the illusion / ② 환상을 키우기에

③ conceals the fact / ③ 사실을 감추기에

④ proves the hypothesis / ④ 가설을 증명하기에

⑤ blurs the conviction / ⑤ 확신을 흐리기에

이 글의 답은 2번이다. 물론 나 역시도 2번을 골랐다. 하지만 정답이 2
번이라고 생각하지는 않는다. '출제자의 의도'에 따라 2번을 '골라 주었을
뿐'이다. 국어문제의 경우, 문제점이 지극히 단순하고 이미 평가원을 제외
한 교육사회에 충분히 인식되어 있지만, 영어는 아쉽게도 그렇지 못하다.

마찬가지로 내겐 해당 글을 읽기 전에, 다음과 같은 배경지식이 있
었다. 인간의 뇌와 멀티태스킹에 대해, 1900년대 초반부터 심리학자들
에 의해 연구가 진행되어 왔다. 그러나 현대에 들어서 뇌과학자들에 의
해, 인간의 뇌는 한 번에 한 곳에밖에 집중을 하지 못하는 것으로 알려졌
다.[25] 대신 우리는, (마치 컴퓨터처럼) 해결해야 하는 업무들 사이에서,
집중을 빠르게 전환하는 방법을 취한다. 이런 우리의 뇌 시스템에 따라,
작업을 전환하는 데는 그에 따른 비용이 소모되며, 업무 효율을 떨어뜨
리기도 한다. 예컨대 업무 중에, 도착된 이메일을 읽는 행위와 같은 '방
해'가 일어나면, 우리의 뇌는, 원래의 작업으로 다시 방향을 조정하는 데
에 평균 15분이 걸리고, 효율은 40퍼센트 정도까지 떨어진다. 이에 따라
'멀티태스킹'을 자주 하게 되면, 장기기억이 고통받고, 창의성이 감소된

---

25) 바보 같은 수능문제를 고쳐 놓기 위해, 우리가 불필요하게 많은 노력을 들여야만 한다는 사실
이 너무 슬프다. Jon Hamilton, 「Think You're Multitasking? Think Again」, NPR, 2008. 10. 2.을 참
고하시라.

다. [26)]

각주를 확인하면 아실 수 있겠지만, 이는 2015학년도 수능에 나오기엔, 너무 오래 전에 증명된 사실이기도 하다. 나는 개인적으로 이와 같은 정보를 어깨 너머로만 알고 있다가, 시나리오 작업 직전에 자주 보던, tvN의 「알쓸신잡」에 출연한, KAIST 뇌과학자 정재승 교수에 의해 또다시 듣게 되었다. 고기를 구우면서도 이야기 흐름을 놓치지 않고 대화하는 유시민 작가가 나오는 장면이었다. 만약, 이러한 배경지식이 있는 사람이 위 글을 읽는다면 어떻게 될까?

> The concept of humans doing multiple tasks at a time has been studied by psychologists since the 1920s, but the term "multitasking" didn't exist until the 1960s.
>
> 다양한 작업을 한 번에 하는 인간의 개념은 심리학자들에 의해 1920년대 이후로 연구되어 왔지만, "멀티태스킹"이라는 용어는 1960년대까지는 존재하지 않았다.
>
> → 멀티태스킹이라는 용어는 1960년대 이후에 나온 용어이구나.
>
> It was used to describe computers, not people.
>
> 이는 사람이 아닌, 컴퓨터를 묘사하기 위해 쓰였었다.
>
> → 그렇다면 1960년대 이후로 컴퓨터가 사용되면서 멀티태스킹이라는 용어가 쓰이게 되었겠네.

---

26) 역시 Paul Atchley, 「You Can't Multitask, So Stop Trying」, Harvard Business Review, 2010. 12. 21.을 참고하시라. 혹여 인용된 해당 기사들에도 'multitask'라는 용어가 '동시다중작업'으로 사용되었으니 문제가 없다고 주장한다면, 시간 흐름에 따른 언어사용의 변화 가능성을 배제하는 것이다. 다시 한 번 말하지만, 난 이렇게 불필요하게 복잡한 논의가, '수능'이란 국가적 시험을 두고 이루어져야 한다는 사실 자체가 너무 슬프다.

Back then, ten megahertz was so fast that a new word was needed to describe a computer's ability to quickly perform many tasks.

그 당시, 10 메가헤르츠는 너무 빨라, 다양한 작업을 빠르게 수행하는 컴퓨터의 능력을 묘사하기 위해 새로운 단어가 필요했다.

→ 그럴만도 하지. 전례 없던 속도로 계산이 가능한 기계가 나오기 시작했으니까.

In retrospect, they probably made a poor choice, for the expression "multitasking" is inherently deceptive.

되돌아 생각해 보자면, 그들은 "멀티태스킹"이라는 표현이 본질적으로 기만적이라는 점에서, 안 좋은 선택을 했을지 모른다.

→ '그들'이 멀티태스킹이라는 단어를 사용하기 시작했다라는 것인가? '그들'이 누구지? 단어의 어원을 모르는 사람들일 테니, 멀티태스킹이라는 단어를 컴퓨터 외 분야에서 처음으로 사용하기 시작한 사람들일 텐데. 어떤 분야에서 제일 먼저 사용하기 시작했을까? 뒤에 나오겠지?

Multitasking is about multiple tasks alternately sharing one resource (the CPU), but in time the context was flipped and it became interpreted to mean multiple tasks being done simultaneously by one resource (a person).

멀티태스킹은 한 리소스(CPU)를 교차적으로 공유하는 다중 작업이지만, 이내 문맥이 뒤집혔고, 이는 한 리소스(사람)에 의해 동시다발적으로 행해지는 다중 작업을 의미하는 것으로 해석되기 시작했다.

→ 음… 우선은 알았어. 근데 사람(a person)이라는 표현보다는, 인간의 뇌 (human brain)라는 표현을 사용하는 게 더 좋았을 것 같네. CPU의 역할이 인간의 뇌에 상응하는 역할이니까. 어찌 됐든 좋아. 그렇다면 '그들'은 컴퓨터에 대한 전문지식이 없는, 인간의 뇌에 대해 연구하는 사람들이려나?

It was a clever turn of phrase that's misleading, for even computers can process only one piece of code at a time.

이는 컴퓨터들도 한 번에 한 조각의 코드만을 처리할 수 있기에, 오해를 불러일으키는 교묘한 표현의 전환이었다.

→ 그러니까 컴퓨터는 한 번에 한 가지밖에 못 하는데, 누군가가 한 번에 여러 가지를 하는 거로 오해하고 있다는 거 아니야. '누군가'가 누군데! 우선 더 읽어 보자.

When they "multitask," they switch back and forth, alternating their attention until both tasks are done.

그들이 "멀티태스킹"을 할 때, 양쪽의 작업이 완료될 때까지 그들의 집중을 교차해 가며, 왔다 갔다 전환한다.

→ 여기서 '그들'은 컴퓨터인 것 같아.

The speed with which computers tackle multiple tasks _____ that everything happens at the same time, so comparing computers to humans can be confusing.

컴퓨터가 다양한 작업들을 다루는 속도는, 모든 것이 동시에 일어난다는 _____, 컴퓨터와 인간을 견주는 것은 혼란스러울 수 있다.

→ 컴퓨터와 인간을 갑자기 왜 견준다는 것이지? 아, 동일시한다는 의미겠구나. 누가 동일시한 거지? 앞에서 말한 '누군가'겠지? 그나저나 '누군가'는 끝까지 안 나오네. 일단 대충 글 자체가 컴퓨터는 '교차다중작업'을 하는데 '누군가'가 '동시다중작업'으로 오해하고 있다는 내용이니까, 답은 2번인 것은 알겠어. 근데 인간의 뇌 역시 동시다중작업이 불가능하잖아. 지금도 동시다중작업으로 생각하고 있는 사람들이 대부분이라는 뜻인가? 그러기엔 연구결과가 밝혀진 지꽤 된 거 같은데. 그렇다면 이 글은 과거에 쓰인 글을 가져 온 것인가? 수능문제를 출제할 때 해외 논문을 끌어와 자주 출제하긴 하던데. 아니면 '누군가'가 뇌를 연구하는 전문가들이 아니라 우리 '일반인'을 이야기하는 것인가? 일반인들은 우리가 하는 멀티태스킹이 동시다중작업인지 교차다중작업인지, 관심이 있지 않는 한 생각해 보지 않았을 텐데. 그러면 '멀티태스킹'이라는 단어가 컴퓨터

외 전문영역에서 먼저 퍼지기 시작한 것이 아니라, 우리 '일반인'에 의해 먼저 퍼져나가기 시작한 것인가? '일반인'들이 멀티태스킹을 동시다발적 다중작업으로 이해하고 있다고? 마지막 줄은 특히나 좀 이상하네.

① expels the myth / ① 미신을 타파하기에

② feeds the illusion / ② 환상을 키우기에

③ conceals the fact / ③ 사실을 감추기에

④ proves the hypothesis / ④ 가설을 증명하기에

⑤ blurs the conviction / ⑤ 확신을 흐리기에

나는 수능에, 굳이 이렇게 증명 불가능하고 애매한 여러 가지 전제들이 깔려 있는 글을 출제했어야만 했는지 의문을 느낄 수밖에 없다. 혹시 이런 의견을 받아들이실 수 없는가? 그렇다면 우리는 이 텍스트를, 삼단논법에 따라 분석해 볼 수도 있다. 우선 논리학의 기초법칙인 삼단논법은, 다음과 같은 것이다.

명제 A(a→b)가 참이고, 명제 B(b→c)가 참이라면, 명제 C(a→c)도 참이다.

명제 A : 나는(a) 사람이다(b).

명제 B : 사람은(b) 죽는다(c).

명제 C : 나는(a) 죽는다(c).

삼단논법에 대해 언어적으로 설명할 수 없는 사람들조차, 이는 충분히 이해하고 있는 것이다. 논리적으로 너무나도 완벽한 법칙이다. 이러한 추론방식을 연역추론deductive reasoning방식이라고도 한다. (삼단논법은

장 피아제*Jean Piaget*의 인지발달단계에 따르면, 11세 이후의 '형식적 조작기*formal operational stage*'에 주로 이해되는 것이다.)[27]

그러나 일상적인 언어사용 속에서, 우리는 연역적 방식으로 상대방을 설득시킬 때, 이 법칙을 군이 따라야만 설득이 가능하지는 않다. 대신 우리는 '생략삼단논법'을 이용한다. 예컨대 내가 '나는 죽는다'는 주장을 하고 싶다면, 명제 B만을 근거로 사용해도 될 것이다. 즉, '사람은 죽기 때문에 나도 죽는다'는 표현 역시, 논리적으로 결함이 없다. '내가 사람'이라는 사실이, 그 주장을 듣는 모든 사람들이 알고 있기 때문이다. (반면 내가 외계인이라, '나는 죽는다'는 주장을 할 수 있는 존재이면서도, 사람이 아닌 존재라면, 명제 A의 생략은 불가능할 것이다.) 이를 '생략삼단논법'이라고 한다. 생략삼단논법은, 어떠한 사실이 모두에게 받아들여지고 있는 상식일 때, 이에 해당하는 명제를 생략할 수 있다는 법칙이다.

한편 이 글을, 삼단논법에 맞게 따르게 하려면, 어떤 명제들을 설정해야 할까? 글의 목적이 뚜렷하지 않아, 명제 C를 설정하는 데에도 어려움이 따른다. 만약 해당 텍스트의 목적이 '실증적 주장*positive statements*(실제로는 이렇다는 주장)'이라면, 명제 C는 다음과 같게 될 것이다.

명제 C : 인간의 뇌와 CPU는 다르다.

하지만 그 목표가 '규범적 주장*normative statements*(이래야 한다는 주장)'이라면, 명제 C는 다음과 같게 된다.

---

27) 교육학개론에 나오는 내용이다. 성태제·김대중·김이철·곽덕주·김계현·김천기·김혜숙·송해덕·유재봉·이윤미·이윤식·임웅·홍후조 공저, 『최신교육학개론 3판』, 학지사, 2018, p133을 참고하시라. 삼단논법조차 지키지 못하는 문제의 해답을 학생들에게 요구하고 있는 것이다.

명제 C : 우리는 혼란을 일으킨다.

후자의 경우라면, '따라서 혼란을 일으키면 안 된다'는 의도가, 삼단논법 속에 생략된 상태로 담아져 있다.

명제 A : 우리(a)는 혼란을 일으킨다(b).
명제 B : 혼란(b)은 좋지 않다(c).
명제 C : 우리(a)는 좋지 않은 상태(c)이다.

+

명제 A : 우리(d)는 좋지 않은 상태(e)이다.
명제 B : 좋지 않은 상태(e)는 해결하는 것이 바람직(f)하다.
명제 C : 우리의 상태(d)는 해결하는 것이 바람직(f)하다.

따라서 '규범적 주장'의 경우에는, '혼란을 일으키는 우리의 상태를 해결하는 것이 바람직하다'는 주장이 될 것이다. 물론, 아래 두 개의 논리는 생략되어 있고, 우리가 굳이 이렇게 따지지 않아도, 충분한 추론이 가능하다.

이 글이 정보를 전달하는 목적의 '실증적 주장문'이라면, 명제 A와 B는 아주 명확해진다.

명제 A : 인간의 뇌는(a) 동시다중작업 한다(b).
명제 B : CPU는(c) 교차다중작업 한다(~b; 문맥상 동시다중작업의 반대).
명제 C : 인간의 뇌와(a) CPU는 다르다(~c).

명제 (a→b)가 참이라면, 명제의 대우(~b→~a) 역시 참이다. 하지만 명제의 이(~a→~b)와 역(b→a)은 그렇지 않을 수 있다. 삼단논법적으로 명확하게 하기 위해, 우리가 중학교 때 배운 '대우'라는 개념을 활용하면, 다음과 같이 정리할 수 있다.

명제 A : 인간의 뇌는(a) 동시다중작업을 한다(b).
명제 B : 동시다중작업을 하면(b) CPU가 아니다(~c).
명제 C : 인간의 뇌는(a) CPU와 다르다(~c).

명제 A(a→b)와 B(b→~c)가 참이기에, 명제 C(a→~c) 역시 참이 되었다. 하지만 여기에는 중대한 결함이 존재한다. 우리가 확인했듯이, 인간의 뇌가 동시다중작업하지 않는다는 사실이다. 따라서, 명제 A가 참이 아니기에, 명제 C는 참이 될 수 없다. 따라서 이 글은 사실을 전달하는 '실증적 주장문'으로는 부적합하다.

그렇다면 아마 '규범적 주장문'으로서 존재할 것이다. 이 글이 '규범적 주장문'이라면, 이 글이 따라야 할 가장 거시적인 차원의 삼단논법은 다음과 같다.

명제 A : 우리(a)는 인간의 뇌를 CPU와 동일시(b; 동시다중작업을 교차다중작업과 동일시)한다.
명제 B : 인간의 뇌를 CPU로 생각하는 것(b)은, 혼란을 일으킨다(c).
명제 C : 우리는(a) 혼란을 일으킨다(c).

물론 우리가 명제 B가 참이 아니라는 사실을 알고 있어, 명제 C는 참이 될 수 없다. 인간의 뇌를 CPU로 생각해도, 둘 모두 '교차다중작업'을 하기에, 혼란이 일으켜지지 않는다. 따라서 이 글은, '규범적 주장문'으로도 유효하지 않다. 그러나, 우리의 관대함을 최대한 발휘해, 명제 A와 B가 모두 참이라고 하자. 우리는(사실 해당 주제에 대해 생각해 본 적도 없지만), 인간의 뇌를 동시다중작업한다고 생각하고 있고, CPU의 교차다중작업과 동일시하고 있다고 가정하는 것이다. 그렇다면 당연히 인간의 뇌를 CPU로 생각하는 것은 혼란을 일으키고, 우리는 혼란을 일으킬 것이다.

하지만 이 텍스트에는 '생략삼단논법'에 따라, 명제 A가 생략되어 있다. 명제 A가 일반적으로 모두에게 받아들여지고 있는 상식이라면, 명제 A는 생략이 가능하다. 그러니까, 우리가 인간의 뇌를 동시다중작업한다고 무의식적으로 생각하고 있는데, 이렇게 우리가 무의식적으로 사고하고 있다는 사실이, 모두에게 받아들여지는 상식이어야만 생략이 가능하다.

하지만 과연 그런가? 무의식의 영역은 언제나 상식과는 거리가 먼 영역이다. 만약에 무의식의 영역이 '상식'에 가깝다면, 우리는 '인지부조화'나 '인지왜곡'을 경험하지 않을 수 있다는 뜻이고, 우리 역시 '방황'과 '우울증' 따위를 겪을 이유도 전혀 없을 것이다. 따라서, 미래에는 어떻게 될지 모르지만, 적어도 아직까진, 위와 같은 우리의 무의식적 사고가 '상식'의 영역에 속하진 않는다. '상식'이 되려면, 다른 사람도 나처럼 똑같이 생각하고 있다는 경험들이 충분히 쌓여, 일반화해도 문제없다는 개인적 차원의 검증을 거쳐야 하고, 이것이 사회에 알려져야 한다. 다음처럼 말이다.

명제 A : 나는(ⓐ) 사람이다(ⓑ). → 생략가능

명제 B : 사람은(ⓑ) 죽는다(ⓒ). → 생략가능

명제 C : 나는(ⓐ) 죽는다(ⓒ).

　우리가 인간의 뇌를 CPU와 동일시하고 있다는 것이, 생략해도 좋을 만큼의 상식인가? 아닐 것이다. (아마 출제자 개인에게는 상식이었을지 모른다. 비록 틀린 상식이었지만 말이다.) 이는 명제 A, B, C가 참이고, 글이 과거에 탄생했다는 사실을 우리가 용인하는, 말도 안 되는 관용을 베풀어도(사실 이쯤 되면 그냥 글이 이상한 거다.), 생략삼단논법 상에서 명제 A를 생략할 수 없기에, 이 텍스트는 논리적으로 결함이 있는 글이다.

　이를 학생들에게 내어 주며 '빈칸 추론'을 하란 말인가? 미안하지만 이는 내 뇌로는, 도저히 이해할 수 없는 것이다. 출제자는 이미 만료된 지식을 바탕으로 글의 성격이 확실하지 않은 글 대신, 조금 더 명확한 글을 가져왔어야만 했다. 더불어 나는 이러한 문제들이 반복적으로 출제되고 있다는 점에 대해, '한 달 동안 호텔에 있는다면서, 짧은 텍스트 자기 손으로 직접 쓰면 안 될까?' 싶기도 했다. 많은 문제점들이, 긴 맥락을 가진 텍스트의 중간을, 싹둑 잘라 오기 때문에 발생한다고 느꼈기 때문이다.

　영어 문제의 경우, 논리적 결함이 너무나 많아 한 가지 유형만 더 확인해 보자. 다음은 2016학년도 수능 영어영역 31번 문제이다.

[31~34] 다음 빈칸에 들어갈 말로 가장 적절한 것을 고르시오.

31. When two cultures come into contact, they do not exchange every cultural item. If that were the case, there would be no cultural differences in the world today. Instead, only a small number of cultural elements ever spread from one culture to another. Which cultural item is accepted depends largely on the item's use and compatibility with already existing cultural traits. For example, it is not likely that men's hair dyes designed to "get out the gray" will spread into parts of rural Africa where a person's status is elevated with advancing years. Even when a(n) _____ is consistent with a society's needs, there is still no guarantee that it will be accepted. For example, most people in the United States using US customary units (e.g., inch, foot, yard, mile, etc.) have resisted adopting the metric system even though making such a change would enable US citizens to interface with the rest of the world more efficiently.

① categorization

② innovation

③ investigation

④ observation

⑤ specification

28)

이 문제는 다행히도, 앞의 문제보다 더 간단한 문제이다. 바로 해석해 보자.

---

28) 2016학년도 대학수학능력시험 영어영역 홀수형.

When two cultures come into contact, they do not exchange every cultural item.

두 문화가 접촉하게 되면, 이들은 모든 문화적 특징들을 교환하지 않습니다.

If that were the case, there would be no cultural differences in the world today.

만약 그랬다면, 요즘 세상에는 문화적 차이가 없었을 것입니다.

Instead, only a small number of cultural elements ever spread from one culture to another.

대신, 오직 소수의 문화적 요소들이 한 문화에서 다른 곳으로 퍼지곤 합니다.

Which cultural item is accepted depends largely on the item's use and compatibility with already existing cultural traits.

어떤 문화적 특징들이 받아들여지느냐는, 그 특징의 쓸모와 이미 존재하던 문화적 특성과의 호환성에 따라 좌우됩니다.

For example, it is not likely that men's hair dyes designed to "get out the gray" will spread into parts of rural Africa where a person's status is elevated with advancing years.

예컨대, "백발을 제거하도록" 디자인된 남성용 머리 염색약이, 해가 지나갈수록 사람의 신분이 상승되는 시골 아프리카 지역에 퍼지는 현상은, 일어날 가능성이 적습니다.

Even when a(n) _____ is consistent with a society's needs, there is still no guarantee that it will be accepted.

심지어 어떤 _____이 사회의 요구와 일치한다고 하더라도, 여전히 이것이 받아들여지리라는 보장은 없습니다.

For example, most people in the United States using US customary units (e.g., inch, foot, yard, mile, etc.) have resisted adopting the metric system even though making such a change would enable US citizens to interface with the rest of the world more efficiently.

예를 들어, 미국식 도량형(인치, 풋, 야드, 마일 따위)을 사용하고 있는 미국 내 대부분의 사람들은, 미터법을 적용하는 것을 거부해 왔습니다. 심지어 이런 변화가 미국 시민들이 세상의 다른 이들과 더 효율적으로 교류하도록 해 줄 수 있음에도 말이죠.

① categorization / ① 범주화

② innovation / ② 혁신

③ investigation / ③ 조사

④ observation / ④ 관찰

⑤ specification / ⑤ 특수화

이 문제는, 선택지 선정에 문제가 있다. 이 문제가 객관식이 아니라, 주관식이라고 생각해 보자. 선택지는 없다. 빈칸에 들어갈 '예상 답안'은 무엇일까? 아마 우린 다음과 같은 답을 적게 될 것이다.

예상 답안 : external cultural traits(외부의 문화적 특성들)

예상되는 답안으로, '외부' 또는 '해외'나 '국외' 따위의 개념과, '문화적 특징', '문화적 특성', '문화적 요소', '문화적 접촉' 따위의 개념이 합쳐져 있다면, 흐름상 아주 잘 어울리는 글이라고 볼 수 있을 것이다. 하지만 이 문제의 정답은 2번, '혁신'이다. 난 이 답을 보고, 참으로 그 '출제 의도'

가 의심되는 선택지 설계 방식에, 놀라워 입이 벌어질 수밖에 없었다. 물론 곧바로 뒤이어 분노가 따라왔다.

정녕 출제자는 '혁신'의 뜻을 모르는 것인가? 앞서 확인한 2015학년도 영어문제를 볼 땐, 마치 블랙홀로 빨려 들어가듯 끝도 없이 답답한 마음이 들었다면, 난 이 문제를 보면 일차원적인 분노가 느껴진다. 이래서 우리나라는 '교육 혁신'을 하고 있지 못하나 보다.

단순한 예를 들어 보자. 일본에는 한국의 '김치'가 전해져, '기무치キムチ'라는 이름으로 일본인들의 생활 속에 받아들여지게 되었다. 이는 한국의 식문화에서 중추적인 역할을 하고 있는 '문화적 요소'인 '김치'가, '일본의 식문화' 속에 받아들여짐을 뜻한다. 하지만 그렇다고 이를 일본인들이 '김치 혁신'이라고 하진 않는다. 한국에서 가장 보수적이고 폐쇄적인 애국심을 가진 사람조차도, 이런 표현은 과한 '국뽕'이기에, 거들떠도 보지 않을 것이다.

물론 앞의 문제와 마찬가지로 나 역시 2번을 선택지로 골랐고, 3점을 획득했다. 하지만, 나는 도저히, 이 수준의 문제를 내 뇌 속에 받아들일 수는 없었다. 이러한 문제들을 지적하는 것이, 과연 내가 과하게 예민한 것일까? 오히려 아무도 논리적인 문제제기를 하지 않고 있었기 때문에, 학생들의 답답한 마음을 대변해 주지 못해 왔던 게 아닐까?

한 문제 차이로, 입학할 수 있는 대학이 갈리는 학생의 입장에서 생각해 보면, 도저히 분노가 끓어오르지 않을 수가 없다. 게다가 이건 대학에서 자체적으로 출제한 '본고사'가 아니라, 대한민국이라는 국가의, 한국교육과정평가원에서 주관하는 전국대학수학능력시험이다. 공교육의 마침표를 찍는, 상징적인 시험이다. 수능 영어듣기 평가가 진행되는 시간, 40분 동안 하늘에서는 비행기도 내려오지 못한다.

평가원과 교육청은, '기회비용'이라는 존재를 생각해 보셨는지 모르겠다. 앞으로 소개하겠지만, 대한민국 공교육시스템처럼 '수능'만을 위해 세팅되어 있는 시스템에서, '수능' 출제에 이런 오류가 생기면, 시스템이 만들어지도록 희생된 여러 가지 '기회'들은, 도대체 어떻게 책임질 것인가? 이처럼 비논리적인 출제오류는, 너무 '무책임'한 결과물 아닌가? 수능 영어문제는 보면 볼수록 열불이 나서, 이 책을 내고 나면 내 인생에서 '다시는' 수능 영어문제를 풀 일이 없길, 진심으로 소망한다.

—

이 시점에서, 왜 내가 앞에서 언어교육의 목표가 상실되었다고 주장한지를 정리해야 할 것 같다. 왜 우리는 한국인인데 한국어를 공부해야 하며, 영어를 공부해야 할까? 물론 인간은 '언어를 바탕으로 사고하기 때문'에, '언어능력을 개발하면 전반적인 사고가 개발'되겠지만, 이는 언어교육에 따른 '추가적인 이득'에 해당한다. 이보다 더 근원적인 언어교육의 목표는, '내 의견을 더욱 정확하고, 좁고, 세밀하게 전달하기 위해서'일 것이다. (선사시대의 인류와 역사시대의 인류를 비교해 보면 이해가 편할 것이다.) 언어는 이를 위해 발명되었다.

예컨대, 내가 앞에 서 있는 김 씨의 상황을 여러분들에게 전달한다고 하자. 여러분들은 내가 어느 표현을 사용했을 때 상황을 더 명확히 파악할 수 있는가?

1. Kim is saying (sth). 김씨는 (무언가를) 말하고 있다.

2. Kim is telling (sth to sb). 김씨는 (누군가에게 무언가를) 말하고 있다.

3. Kim is whispering (sth to sb). 김씨는 (누군가에게 무언가를) 속삭이고 있다.

아마 아래로 내려갈수록 명확도가 커지실 것이다. 이는 '말하다'라는, 비슷한 뜻을 가진 동사가 각자 포괄하는 개념상의 범주가 다르기 때문이고, 그 범주가, 아래로 갈수록 좁아들기 때문이다. 이를 도식상으로 표현해 보자면 다음과 같다.

〈그림 14〉 각 단어가 가진 의미의 범주[29]

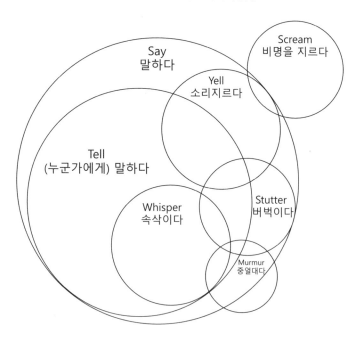

29) 이해를 용이하게 하기 위해 용어들의 범주를 도식상으로 정리해 보고자 했다. 실제 언어학적 개념과 다소 차이가 있을지도 모른다.

우리는 우리의 생각이나 상황을 가장 정확히 표현하기 위해, 가장 좁은 범주의 용어들을 선택해 사용해야 한다. 김씨가 '속삭이고' 있을 때, '말하고' 있다고 표현해도 역시 문제가 없지만, '작은 목소리로', 그리고 '누군가에게'의 개념(방향성)이 추가된, '속삭이고 있다'는 표현을 사용해야, 상대방에게 더 의도와 상황을 명확히 전달할 수 있다는 것이다.

우리가 국어를 공부하고 영단어를 외우는 이유도 이와 같다. 우리가 가장 좁은 단위의 단어를 모른다면, 넓은 단위의 단어를 선택해 사용하는 대신, 추가적으로 부사적 역할을 하는 구, 절, 단어를 삽입해 문장 또는 단어를 수식해 주는 형태로 뜻을 전달하게 될 것이다. 이런 단어들이 늘어나면 문장이 쓸데없이 괜히 길어지게 되어, 효율성의 법칙에 어긋난다. 따라서 (특히 고등학교 수준의) 언어교육은, 가장 좁은 범주의 단어를 습득함을 통해, 말하고자 하는 바를 되도록 명확하게*articulately* 전달함을 목표로 해야 한다.

한편, '말'을 하지 않고도, 우리가 공포를 느끼는 대상에 대해 '꺅!'이라는 소리를 내뱉게 된다면, '비명을 지른다'라고 할 수 있을 것이다. 이때는 '말한다'라고 하면, 명백히 틀린 것이 된다. 예를 들어 공포영화에서 주인공이 귀신을 보고 '비명을 지르'는데, 이를 주인공이 '말하고' 있다고 하면 의미 전달이 전혀 되지 않는다. 따라서 두 용어가 가진 개념이 '교집합'의 관계를 이루고 있을 때는 단어의 사용이 제한된다고 볼 수 있을 것이다. 반면, 두 용어가 '부분집합'의 관계를 이룬다면, 범주가 작은 표현을 사용하는 것이 더 정확한 표현을 전달할 수 있지만, 맥락을 통해 파악한다면 '큰 범주'의 단어를 사용한다 하더라도, '이해'에는 큰 문제가 없게 된다.

2016학년도 영어 문제는, 정답 '혁신'과, 예상 답안인 '외부의 문화적 특성' 또는 '문화적 접촉'이, 개념상 서로 '교집합'의 관계를 이루고 있다. 따라서 예상 답안의 대용으로, 2번 선택지의 사용은, '제한'된다.

〈그림 15〉 정답과 예상 답안의 관계

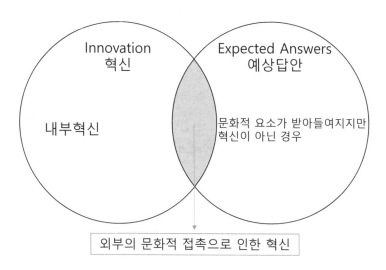

예상 답안에 있는 개념을 온전히 가지고 있는 단어를 사용하는 대신, '혁신'이라는 용어를 선택하는 것은, 앞서 언급한 '언어교육의 목표'와 정면으로 위배된다. 아쉽게도 해당 문제처럼, 개념을 온전히 가지고 있는 '단 한 가지 단어'가 존재하지 않더라도 상관이 없다. 없으면 없는 대로, '구'와 '절'의 형태를 활용하면 된다. 이것 또한 '언어의 한계'이자, 올바른 언어사용 방법의 이해이다. 최대한 꾸미지 않고, 진실되게 표현하는 것은, 우리 모두가 가져야 할 언어사용의 목표이다.

영어문제의 첫 번째 예시는 텍스트 자체가 이상해 대안을 제시하는 것이 불필요했지만(굳이 제시하자면 '재출제'를 제시할 것이다.), 두 번째 문제의 경우는 다행히도 가능하고, 단순했다. 선택지의 'innovation'을

한국의 교육

앞서 등장한 '예상 답안'으로 바꿔 주기만 하면, 문제가 논리적으로 정상화된다.

—

이외에도 수능 문제의 '질적 결함' 또는 '논리적 오류'는, 학생들이 생활하면서 너무나도 자주 겪게 된다. 학생들이 인생의 전부를 투자하여 매일매일 공부하는 '수능형 문제들'은, 수능보다도 더 질적으로 검토되지 않았기 때문에, 이러한 문제들이 더더욱 빈번하게 발견된다. 학생들이 할 수 있는 최선의 선택은, 본인들의 사고를 '수능 문제'에 맞추는 것이다. 따라서, 수능문제를 풀면 풀수록, 학생들에겐 '비非논리'가 학습된다.

아쉽게도 이 원고에선 자세히 다룰 수 없었지만, '비논리적인 학습방식'은, 사실 우울증을 유발하는 '인지왜곡cognitive distortion'의 원인이 되기도 한다.[30] 설령 이러한 문제점 인식을 바탕으로 '논리적인' 선생님께 질문하여 그것이 인정받는다고 하더라도, 선생님들이 할 수 있는 최대의 행동은, '수능에 나오지 않을 것이니 넘어가자' 정도이다. 이것이 현장의 분위기다. 수능문제에 대한, '소거할 수 없는 불신의 항존恒存' 말이다.

최근, 사회탐구 영역인, 2020년 고3 6월 모의평가 '생활과 윤리' 9번 문항에서 역시, 정답 오류 논란이 일었다. 평가원은 1번 선지가 정답이라고 발표했지만, 4번 역시 정답에 해당한다는 주장이 일어났는데, 이 문제는 서양의 사상가인 '갑'과 '을'의 대화를 바탕으로, '갑', '을'이 누군지 추론하고, 이들의 입장을 고르는 문제였다.

수험생 커뮤니티 사이트 '오르비'에는, '평가원의 생활과 윤리 오류를

---

30) https://terms.naver.com/entry.nhn?docId=5676475&cid=62841&categoryId=62841

지적합니다'라는 글이 올라왔고, 이에 따르면 '평가원은 한 현직 교사의 이의제기를 무시하고, 정답에 이상이 없다는 엉뚱한 발표를 했다'고 주장했다. 작성자는, '을' 사상가에 해당하는 당사자, 프린스턴 대학교 *Princeton University*의 피터 싱어*Peter Singer* 교수에게 이메일을 보내, 직접 4번의 정답을 확인했고, 피터 싱어가 해외 원조에 대해 서술한 책인『세계화의 윤리』,『실천윤리학』을 번역한 현직 교사와 교수 세 분 중 두 분에게서도 이를 확인받았다고 말했다. 하지만 평가원 측은, '앞서 진행된 이의신청 심사 과정에서 절차 상 외부 전문가 모니터링 등을 통해, 문제가 없다는 판단을 내렸다'고 대답했다.[31]

난 이와 같은 비상식적인 문제점들이, 근본적으로 모두 수능의 '높은 난이도'를, 억지로 충족시키기 위해 일어난 일이라 생각한다. 애초에 우리가 고등학교 수준에서 배워야 할 원론적인 이야기들을 가지곤, 사실상 '높은 난이도'의 문제를 출제할 수가 없기 때문이다. 따라서 '두 마리 토끼'를 다 잡기 위해선, '논리를 뒤틀어야 한다.' 이는 결국 '두 마리 토끼'를 다 놓치게 만들었다.

따라서 명확히 표현하자면, 현재 수능은 사실상 '높은 난이도'라기 보단, '이상한 난이도'에 가깝다고 보는 것이 맞다. 필자가 문과 출신이라, 이과의 경우를 예시로 들 수 없었다는 점에 대해선, 양해를 부탁드린다.

---

31) 고민서,「고3 6월 모의평가 '생활과 윤리' 9번 문항 정답 오류 논란」,『매일경제』, 2020. 7. 3.

3. 한국 공교육의 발달 과정

2장에서 우리는 학생들이 직면해야만 하는 공교육의 구체적인 문제점들을 확인했다. 한국 공교육에는 도대체 왜 이러한 문제점들이 발생하게 되었을까? '앞으로 어떻게 바뀌어야 할지'를 논의하기 전에, 우리는 '어쩌다가 이러한 상황에 놓이게 되었는지'를, 먼저 이해해야만 한다. 그래야만 생산적인 논의가 가능하다. 이 장에선, '나무'에서 벗어나, '숲'을 한번 바라보자.

—

학위병*Diploma Disease*

영국의 사회학자이자 일본경제 전문가 로날드 도어는, 왜 선진국에서보다 개발도상국에서 높은 학위(또는 자격증명)를 추구하려는 경향이 높으며, 왜 이러한 '교육 인플레이션'이 후자의 경우 더 치명적인지 밝히고자 했다. 지금 시점에서는 선진국과 개발도상국의 범주에 들어가는 국가들에 큰 변화가 생겼기에[32] 이해가 다소 어려울 수 있지만, 일반적으

---

32) gapminder.org에서 물방울 도표를 통해 이러한 시대적 변화를 시각적으로 확인할 수 있다. 로날드 도어가 책을 쓰던 시점에는 분명 선진국과 개발도상국의 사회학적 구별이 의미 있었지만, 지금

로 이 책에서 말하는 '선진국'은 빠르게 발전을 이룩한, 영국으로 대표되는 서구권 국가들을 의미하고, '개발도상국'은, 일본, 스리랑카, 케냐 등의 후발주자들을 뜻한다. (이 책에는 등장하지 않았지만, 한국도 역시 당시 '개발도상국'의 범주에 포함된다.)

로날드 도어의 주장을 간략하게 요약해 보면 다음과 같다. 개발도상국의 인력 계획자들은, 국가를 선진국처럼 발전시키기 위해, '현대적 건물'을 설립함으로서 '현대적 영역'을 확장시키는 방식을 택한다. 이때, 현대적인 시설과 인력을 갖춘 공장, 정부 시설, 병원, 결혼생활 상담센터 등이 건설되는데, 이에 따라 '현대적 영역'에서 일할 수 있는 인재를 선발하는 장소가 필요하게 되었다. 그곳은 (슬프게도) 중등교육과 고등교육시설들이 맡게 되었다. 이들은 '현대사회로의 교두보'로 향하기 위한 '출입국 관리소' 역할을 했고, 따라서 직업이 요구하는 '졸업장'은, '입국 허가서'와도 같았다.

일반 시민들의 입장에서 이 '현대적 시설'에, 그들 혹은 그들의 자녀들이 취업하지 않을 이유가 없었다. 성공적으로 '입국 허가'를 받은 사람들은, 일반적으로 해당 국가에서 받던 임금에 비해 수 배에서 수십 배를 받을 수 있었다. 우간다의 공무원들은 평균 임금의 50배에 달하는 기대수익을 얻을 수 있었고, 이보다 평등주의적인 국가철학을 바탕으로 운영되는 인도에서조차, 그 비율은 12배에 달했다. 가장 '무난한' 축에 속했던 탄자니아조차, 그 기대수익은 평균임금 대비 5배 수준이었다. 누가 이러한 목표를 위해 달리는 것을 꺼리겠는가? 어느 정도 먹고 살만한 생활수준을 유지할 수 있는 부모라면, 누구나 그들의 자녀들을 '현대적 시설'에 취업시키고 싶어 할 것이다. 그리고 변화가 시작된다.

은 '모래시계형'이 아닌, '다이아몬드형'으로 국가들의 성장분포가 이루어져 있다.

교육열이 폭발한다. '자격증(졸업장) 취득'을 위한 '시험'에 대해, 집착이 생긴다. 이때, 학교와 선생님들의 역량평가는 일반적으로, '얼마나 많은 학생들을 다음 교육단계로 보내는 데에 성공하는지'에 따라 이루어진다. 이는 필연적으로, 학교 내에서 가르치는 '교육' 역시도, '시험'을 위한 배움으로 이루어짐을 뜻한다. '시험만을 위한 교육과정'은 이에 따라 더더욱 고착화되고, 이에 따라 '성공적인 교육'의 기준에, 변형이 생긴다. 정부의 추진하에 '현대적 시설'은 하나 둘 늘어나기 시작하지만, 시민들의 생활수준은 이보다 느리게 따라오게 된다. 이는 '인프라의 양극화'를 낳는다.

문제는 여기서 끝나지 않는다. 높은 교육 기관 등록률은, 개발도상국들의 특징인, '높은 출산율 및 떨어지는 유아 사망률'과 맞물려, 정부에게 막대한 재정부담을 초래한다. 실제로 많은 나라에서 60년대 초 정부지출의 10~15%에 달했던 교육비 지출은, 10년 만에 20~25%로 상승하게 된다. 점차 '교육된 인력'의 공급이, 과잉되기 시작한다. 이는 '교육받은 실업자educated unemployed'를 양산한다. 이들은 '출입국 관리소'에서 비자를 받았지만, 아직 정착할 곳을 찾지 못한 사람들이다.

그리고 앞서 언급한 '교육 인플레이션Educational Inflation'이 발생한다. '교육받은 실업자'들이 축적되면서, 보유한 졸업장의 가치가 하락한다. 예컨대 과거에 시급 5천 원을 받는 편의점 알바생이 되려면 초등학교 졸업장이 요구되었고, 시급 7천 원을 받는 홀 매니저가 되려면 중학교 졸업장이 요구되었지만, 이제는 상황이 바뀌었다. 홀 매니저 자리를 찾을 수 없었던 중학교 졸업자들은, 집에서 시간을 보내며 노느니, 5천원을 받는 편의점 알바라도 하자고 생각한다. 편의점을 운영하는 고용주는, 초졸자가 가진 역량만으로도 충분히 편의점 운영에 지장이 없음에도, 중졸자가 가진 '초과역량'이, 어떻게든지 가게에 도움이 될 것이라 생각하여, 이들을 우선적으로 채용하게 된다.

이에 따라, 초등학교 졸업장은 가치가 하락한다. 이를 바탕으로 지금의 한국을 바라보면, 최소한 '대학교 졸업장'까지는 확장되어 있다고, 우리는 생각해 볼 수 있을 것이다. 로날드 도어는 이러한 흐름이, 선진국들보다는 늦게 시작한 개발도상국들에게 더 '치명적'이라 주장했다.

〈표 1〉 영국과 한국 교육 제도의 발달[33]

영국	한국(일본)
'초등교육 서비스 제공'에 대한 성장이 천천히 나타나게 된다.	더더욱 극단적인 성장률을 보인다.
이러한 성장은, 산업화가 무난하게 진행됨에 따라 시작된다.	산업화가 시작될 때, 이미 성장이 완료되어 있다.
초등교육 성장에서 정부의 역할은, 처음에는 작았다가, 천천히 성장한다.	시작부터 정부가 성장을 주도한다.
'정부의 약한 역할'은, 대중 초등교육의 정당성을 걱정하는, 지배층의 불확신이 있었기 때문이다.	반면, 한국의 지도자들은, 시작부터, 교육이 정부에 대한 충성도 및 대중의 생산성에 기여할 것이라는 확신이 있었다.
학교들의 교육 전통은, 수백 년에 걸쳐 진화되었고, 가속만 되었을 뿐, 현대에서도 그 연속성이 깨지지 않았다.	과거 한국(조선) 정부가 가지고 있던 연속성을 깨며, 수입된 모델을 그대로 적용한다. 한국의 경우, 일제강점기로 인해 연속성의 단절은, 더더욱 심해진다.

---

33) Ronald Dore, 『The Diploma Disease』, UNIVERSITY OF CALIFORNIA PRESS, 1976, p36~37.

한국의 교육

연속성 속의 중요한 요소는 두 국민(상류층과 평민층)체제와 그에 상응하는 교육제도였고, 1902년 이후, 부분적인 피라미드 형태로 서서히 융합된다.	시작부터 통합된 피라미드 형태로 계획된다.
이와 같은 학교의 다양성은 학교의 정치적/문화적 영향이 계층별로 아주 달랐음을 암시한다.	반면, 한국 교육 제도를 선전한 이념은, 덜 계층지향적이고 단일적이었다.
기술교육은 정부의 지원을 천천히 받기 시작하였고, 일반적으로 이는 피지배층에게 떨어지기 마련이었다.	반면 한국에서는 제도의 필수적인 부분으로, 훨씬 이른 단계에서 양성되었다.
영국의 대학들은 기부금의 관성慣性에 따라 존재했고, 사회적 역할이 불분명했으며 의문시되었다. 이후 단지 점차적으로 '국가화'되었고, 부분적으로 공교육정책에 종속되기 시작했을 뿐이다.	한국의 대학제도는, 시작부터 정부에 의해 설립되어, 정부의 인력 니즈를 충족시키기 위한 일차적인 역할을 수행하였다.
사회적 유동성(social mobility; 계층 간 이동을 뜻하는 사회학적 용어)의 경로로서, 사람을 직업에 할당하는 교육의 역할은, 20년대 중반까지, 세습 및 수습제도를 대체하지 못했다.	한국의 '자격증(졸업증)'은, 초창기부터 직업 기회의 많은 부분을 결정하는 중요한 역할을 수행하였다.
위에서 언급한 이유로, 중등 및 그 이상의 교육에 대한 요구 증가가, 비교적 느리게 일어났다.	반면 한국에선 훨씬 급속하게 이루어졌고, 이미 빠르게 높은 단계에 도달해 있었다.

이는, 그가 비교한 '영국'과 '일본'의 경우에서, '일본' 대신 '한국'을 대입한 것이지만, 그럼에도 불구하고 거의 완벽하게 성립하는 모습을 확인할

수 있다. 이와 같은 변화는, 늦게 개발하는 국가일수록, 더 빠르게 일어난다.

〈표 2〉 국가별 중등교육 등록률 변화[34]

중등교육 등록률 변화 (연평균 성장률)		
영국	1864-1893	3%
일본	1900-1910	8%
스리랑카	1950-1960	14%
케냐	1960-1970	20%
한국	1971-1975	8.7%

한국의 경우, '중등교육 10개년 계획'을 시작한 1965년도 이전[35]의 자료를 구할 수 없어, 1971년 이후의 세계은행 자료를 활용하였지만, 아마 실제로는 해당 수치보다 한참 높을 것으로 예상된다. 이는 모두 내가 앞서 반복적으로 제시한, 한국의 공교육시스템은 '미리 설정해 둔 목표'에 도달하게끔 하기 위해 '치팅'을 사용하는 모습을 띠고 있다는 가설에, 아주 부합하는 모습을 보이고 있다.

—

---

34) 같은 책, p76 및 세계은행 중등교육 등록률 자료를 참고하였다. (https://data.worldbank.org/indicator/SE.SEC.NENR?end=1981&locations=KR&start=1971)

35) 국가기록원의 자료를 참고하였다. (http://www.archives.go.kr/next/common/archivedata/render.do?filePath=2F757046696c652F70616c67616e2F323031373132323315f313030372e706466)

한국 대입제도의 발전과 장단점

『중앙일보』교육팀의 남윤서 기자는, 『중앙일보』2016년 4월 18일자 경제 8면, 「[뉴스클립] 82년 본고사 없애고 학력고사… 눈치작전·4당 5락 신조어 생겨」에서, 해방 이후 한국 대입제도의 변화를 일목요연하게 정리했다.

해방 직후, 대한민국의 억눌렸던 교육열이 팽창하며, 대학교육의 수요가 급증했다.[36] 미군정 치하 대입제도는 미국식 자유방임형에 가까웠고, 자율권이 충분히 보장되었다. 하지만 정원초과 입학인원, 부정입학 등의 문제가 반복적으로 발생하자, 1954년 '대입연합고사'가 도입되었고, 이 역시 시험문제가 유출되자, 1년 만에 폐지되었다. 이후 1961년 군사정부가 들어서며, 1962년부터 대학 입학을 제한하기 위해 '국가고사'를 시행했는데, 합격자들이 상위권 대학에 지원하며 중하위권 대학은 대거 정원 미달 사태가 발생하게 되었다. 마찬가지로 '국가고사'는 준비 부족으로 시행 2년 만에 폐지되고, 다시 대학별 '단독시험체제(흔히 이야기하는 '본고사')'가 되었다. 이러한 시험체제는 대부분 국어·영어·수학·사회·과학을 필수과목으로 했다고 하며, 일부 사립대학은 정원의 10%를 내신 성적 반영 무시험 선발을 진행했다고 한다. (마찬가지로 무시험 선발은 권력층 자녀의 부정입학 수단으로 활용되었다 한다.)

이후 정부는 1968년부터 대입 자격을 평가하기 위한 '예비고사'를 진행하게 된다. 기존 필수과목에 실업(가정)의 과목이 추가된 모습이었으며, 이에 통과하면 대학별 본고사에 지원할 수 있는 자격이 주어졌다. 하지

---

36) 첨언하자면, 일제강점기에도 한국 국민들의 교육열이 너무나도 강해, 초등교육 등록률이 정원을 늘 초과했다. 성태제·김대중·김이철·곽덕주·김계현·김천기·김혜숙·송해덕·유재봉·이윤미·이윤식·임웅·홍후조 공저, 『최신교육학개론 3판』, 학지사, 2018, p85. 참고.

만 본고사의 난이도는 아주 높아, 과외를 받지 않고는 치르기 어려울 정도였다고 한다. 이러한 '자격고사+본고사' 형태의 대입제도는 1980년 신군부가 등장하기 이전까지 지속되어 왔으며, 이후 신군부가 '7·30 교육개혁조치'를 발표하며, 선발고사 성격을 가진 학력고사가 시행되기 시작했다.

당시 대입의 기본 틀은 '학력고사 성적 50% 이상, 내신 성적 30% 이상'을 반영했다고 하며, 예비고사처럼 객관식 출제에 따른 '암기식 학습'이라는 비판을 받았다. 이러한 문제점을 보완하기 위해 1986년 논술고사를 실시했으나, 역시 사교육비 증가와 채점비리 의혹으로 폐지되었다. 이후 암기식 학력고사를 개선하고 통합적 사고 능력 측정을 위한 시험이 개발되었는데, 그것이 현행 '대학수학능력시험'이다. 이는 미국의 SAT를 모델로 하였으며, 현재 대학은 수능 최저등급을 맞춰야 하는 전형을 포함해 수시로 정원의 70% 이상을 선발하고 있다.[37]

이런 과정 속에 발전한, 현행 대입제도가 가지는 근본적인 장단점을 한 가지씩만 짚어 보자.

내가 보기에 한국이 '선진국들의 교육모델'과 비교하여 가지고 있는 가장 중요한 장점은, 무엇보다 비교적 '평등주의Egalitarianism적인 시각'에서 출발했다는 점이다. 물론 해방 직후 대학선발과정에서 비리가 종종 발생하긴 했지만, 영국과 미국처럼 오래 지속되어 온, 보다 오랜 시간 역사적으로 고착화되어 근본적으로 벗어날 수 없는, '신분적 굴레'가 존재하는 것은 아니었다.

이미 조선시대 양난(임진왜란·병자호란)이후, 다양한 정부정책(납속책 : 국가 재정에 이바지하는 대가로 벼슬을 내려 줌, 공노비해방책 : 상

---

37) 남윤서, 「[뉴스클립] 82년 본고사 없애고 학력고사… 눈치작전·4당 5락 신조어 생겨」, 『중앙일보』, 2016. 4. 18.를 거의 그대로 요약해 가져왔다.

민의 수를 늘리기 위해 공노비를 해방시킴 등)에 의해 신분제는 무너져 내려가기 시작해, 1858년(철종9) 대구 지방의 양반과 상민 비율은 98.5%에 이르렀다. 1886(고종23) 노비의 신분 세습법이 폐지되었고, 1894년 갑오개혁에, 사노비는 법적으로 해방되었다.[38] 해방 이후 이런 평등주의 경향성은, 다수의 대중들에게 표를 얻어야 하는 정치인들에 의해 선전도구로 사용되며, 더더욱 강해졌다.

반면, 영국의 경우 아직까지도 해결책이 뚜렷하게 보이지 않을 정도로 문제가 오래되었고 굳어져 있다. 영국의 유명인들은 대다수 딱딱하고 예의바른 포쉬*posh* 액센트를 사용하는데, 이는 그들의 신분을 상징하는 것이다. 대표적으로 한국에서 유명한 영국 드라마 「셜록*Sherlock*」 시리즈의 주인공, 셜록 역의 베네딕트 컴버배치*Benedict Cumberbatch*, 영화 「킹스맨 : 시크릿 에이전트*Kingsman : The Secret Service*」에서 해리*Harry* 역을 맡은 콜린 퍼스*Colin Firth*가 사용하는 발음이 이에 해당하며, 반대로 에그시*Eggsy* 역의 태런 에저튼*Taron Egerton*이 영화 초반부에서 사용하는 발음은, 런던 방언이다. 영국 가수 에드 시런*Ed Sheeran* 역시 이런 종류의 방언('t'발음이 묵음되는 것이 특징임)을 사용하는데, 상류층 출신이 아님에도 불구하고 그의 앨범이 히트 치게 되었다는 사실 자체가 화제일 정도로, 영국의 계층 문제는 고착화되어 있다.

미국의 경우 역시 상대적으로 영국보다는 나은 모습을 보여 주고 있는 듯하나, 국가의료보험 문제를 비롯한 부익부 빈익빈 문제가 심각해, 사회적 안전망의 사각지대에 놓인 인구가 너무나도 많다. (이들에게는 '영국보다는 나은 분위기'라는 말이 무색하다!)

---

38) https://terms.naver.com/entry.naver?docId=986214&cid=47322&categoryId=47322

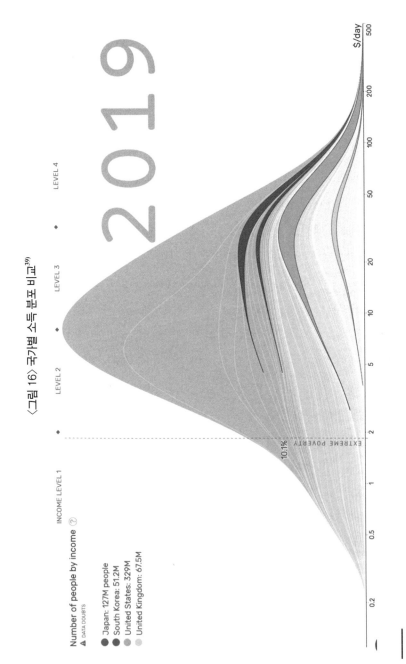

〈그림 16〉 국가별 소득 분포 비교[39]

Number of people by income

● Japan: 127M people
● South Korea: 51.2M
● United States: 329M
○ United Kingdom: 67.5M

39) Free material from www.gapminder.org

한국의 교육

〈그림 16〉에 표시된 국가들은 위쪽부터 일본, 한국, 미국, 영국이며, 너비는 인구수를 뜻한다. 물론 이는 소득격차이기에, 삶의 질 격차와 반드시 일치하지는 않는다. (삶의 질은 소득보다는 소비와 연관이 있으며, 실제 소득 분포도에 비해, 삶의 질 격차는 훨씬 좁다.)[40] 하지만 그래프를 통해 봤을 때, 전반적으로 한국과 일본의 경우, 미국과 영국에 비해 유의미하게 소득의 하한선이 높은 것을 확인할 수 있다.

내가 다니던 고등학교 역시, 학기별 수백만 원에 해당하는 등록금을 내야 하는 사립학교였지만, 그럼에도 불구하고 다양한 소득계층의 학생들이 존재했고, 이들의 입시결과가 결코 소득 상위층에 비해 나쁘지 않았다. 이는 '공정한 기회'가 상당 부분 보장받는다는 것을 뜻하며, 소득격차가 장기적으로 증가하더라도, 기회만 보장된다면 사실 큰 문제가 되지 않는다는 단적인 의미를 내포하고 있기도 하다.

반면 이에 대비되는 근본적 단점은, '교육'에서 출발해 '시험'으로 끝나는 구성이 아닌, '시험'에서 출발해 '교육'을 맞추는, 역사적 단계를 밟아왔다는 점이다. 이후 정부마다 막대한 세금을 들여 여러 '보완책'들을 제시해 왔지만, 역시 이는 학생들에게 체감되지 않으며, 효과 역시 의심스러웠다. 이런 '사후대처' 방식이 가진 근본적인 한계는, 앞 장에서 이미 충분히 다룬 바 있다.

하락한 지 이미 꽤 된 남학생 대학 진학률과, 회사 채용 시 학력보다 자격증명을 더 우선시하며, 대기업의 경우 그룹마다 별도로 적성검사 *aptitude test*(삼성그룹의 'SSAT', 두산그룹의 'DCAT', 롯데그룹의 'L-TAB', 한화그룹의 'HAT', 현대그룹의 'HMAT' 등)를 실시하는 경향은, 현장에서 대학 졸업장이 보장하는 역량을 의심한다는 뜻이다. 물론 아무리 교육

---

40)   W. Michael Cox, Richard Alm, 「You Are What You Spend」, 「The New York Times」, 2008. 2. 10.

제도가 잘 구비되어 있다고 하더라도 학력이 증명하는 역량에는 한계가 있기에, 이러한 '적성검사' 흐름은 이루어졌을 것이며, 이루어져야 마땅하지만, 최근 공공기관에서부터 시범적으로 운용하는 '블라인드 채용'과 '대입 방식 개선'의 경우, 그 방향성이 근본적으로 반대 방향이기에, 과연 한국 교육의 본질적인 문제를 해결할 의지가 있는지 의문스럽게 만든다.

이런 '블라인드 채용'이나, MB 정부부터 적극 추진되기 시작한 '고졸자 채용 확대 정책'[41]은, 오히려 먹고 살기 위해 '어쩔 수 없이' 대학 입학을 선택한 사람들에게 거꾸로 불이익을 안겨 주는 '사각지대'를, 필연적으로 발생시킨다. (전자의 경우 수능문제의 질을 향상시키려는 노력을 포기하고, 수능중심 교육 제도 속에서 학생들이 들인 적지 않은 노력을 더 이상 고려하지 않겠다는 의지인 것으로 받아들여져 나를 분노하게 만들며, 후자의 경우, 먹고 살기 위해 대학에 등록한 학생들의 취업권을 박탈하겠다는 것을 의미한다.)

이와 같은 정책은 따라서 구체적인 거시적 청사진 없이 남발하는, 표를 얻기 위한 정치인들의 세금 낭비에 불과하며, 정책 실행 결과 역시, 받아들이기 다소 의아한 결과를 보여 준다. 제로 2019년 기준, '블라인드 채용' 이후, 언론사들은 공공기관의 전체적인 'SKY' 비율은 감소한 반면,[42] 금융공기업의 'SKY'비율은 증가[43]했다는, 각각 대립되는 기사를 내보냈다.

개인적으로 'SKY'에 진학한 친구들만큼의 내신·모의고사 성적을 받아

41) Yoon-Hee Park, Kye-Taik Oh, Young-Jun Heo, 「Analysis of employment and human resouce development of high school graduates in Korean companies : Implications for diversity management and development of high school graduates in organizations」, 기업교육연구, 2015. 6.

42) 최원형, 「공공기관 '블라인드 채용'했더니… SKY 30% 줄고 지방대·여성 늘어」, 『한겨레』, 2019. 9. 27.

43) 강경민, 공태윤, 하현형, 「'블라인드 채용'의 역설…SKY 입사 늘었다」, 『한국경제』, 2019. 6. 26.

왔고, 그들보다 더 바람직한 방식의 공부습관을 가지고 있다고 자부하는 나로서는, 'SKY' 비율이 도대체 뭐가 중요한가 싶다. 오히려 'SKY'에 집착하고 있는 것은, 자극적인 기사를 쏟아 내야 하는 언론사들이 아닐까 싶다. 대학 졸업장은, 참고자료로만 사용하면 된다.

왜 이렇게 해결 불가능하고 불필요하게 복잡한 문제들이 생기는 것일까? 근본적으로 존재하는 깊은 문제를 외면하고, '보완책'에만 집중하기 때문이다. 우리는 이제 정신을 차려야 한다. 이런 방식으로는 심지어 국가의 인재개발 원칙에 따른다 해도, 미래 세계를 선도할 인재를 양성하지도 못한다. 이제는 잠시 숨을 고르고, 다시 원래 '교육의 목적'으로 돌아가야 한다. 더 이상 문제를 질질 끄는 것은, 학생들에게 책임을 전가하는 행위이며, 현장의 선생님들을 괴롭게 만들 뿐이다.

> 교육이 유용하다는 것은, 이해하는 것 자체가 유용하기 때문이다.[44]
> - 알프레드 화이트헤드*Alfred N. Whitehead*,
> 『교육의 목적*The Aims of Education*』中

실제로 나를 가르치시고 나와 이야기한, 생산적인 교육을 제공하기 위해 분투하시는 현장의 교사분들은, 많은 경우 우울증을 호소하셨다. 물론 내가 그분들의 자세한 사정은 모르지만, 작업을 위해 교육계 내외부의 다양한 주체들과 대화하며 느낀 점은 다음과 같다.

학생들은 학교에서 받는 교육에 충분한 의미와 동기를 느끼고 있지 못하다. 이는 선생님이라는 직업이 가지고 있는 의미에 큰 타격을 주었고, 선생님들에게로 번졌다. 날이 갈수록 교육 원칙이 흔들리고, 교권이 추

---

44) 알프레드 노스 화이트헤드Alfred North Whitehead, 오영환 옮김, 『교육의 목적』, 궁리, 2004, p40.

락하고 있다. 바로 지금, 대한민국의 미래를 결정할, 중요한 시기에 말이
다.

　다음 장에선, 한국 교육사회의 근본적인 문제점을 해결할 방안을 모색
한다.

4. 교육 문제에 대한 비판과 해결 방안

기존 비판들

본격적으로 해결 방안을 모색해 보기 전에, 기존에 존재하던 비판들을 점검해 보자. 특히 우리는, 문제를 불필요하게 복잡하게 만드는, 지극히 정치적인 비판들을 제거해야 한다. 이런 문제제기는, 비전공자인 나만큼 도 충분히 탐구하지 않은 '자칭 전문가'들에 의해 지속되어 왔고, 문제 해결을 더더욱 어렵고 모호하게 만들고 있다. 나 역시 작업을 본격적으로 시작하기 전, 세상을 향한 증오에 휩싸여 있을 때, 이런 주장들의 신봉자이기도 했다. 가장 대표적이고 흔하며, 의미 없고 따분한 비판은 다음과 같은 것이다.

'과열 경쟁', '시험 성적 공개', '줄 세우기' 따위는, '학대'다. 이는 학생들을 잠깐 위로해 주는 자극적인 표현에 지나지 않는다. (정치적 표현이란 뜻이다.)[45] 우선 '과열 경쟁'은, 원인이 아니라 결과다. '과열 경쟁'의 원인

---

45) 실제로 아주 제한된 상황에서만 쓰였던 '편견', '학대', '트라우마' 따위의 용어는 지속적으로 확장을 거듭해 왔고, 이제는 일상생활에서까지 사용되게 되었다. Nick Haslam, 「Concept Creep : Psychology's Expanding Concepts of Harm and Pathology」, Psychological Inquiry, 2016. 대표적으로 'PTSD(Post-Traumatic Stress Disorder; 외상 후 스트레스 장애)'는 과거에 전쟁 속에서 외상을 경험한 군인들에게나 사용되었지만, 현재는 일상 속에서도 사용되고 있으며, 의학에서도 그 의미가 넓어져 왔다.

은 '높은 교육열'이며, '높은 교육열'은 비판받아 마땅한 것이 아니라, 자긍심을 가져도 될 만한 것이다. 이는 '방향성'을 막론하고, 자녀를 교육시키고자 하는, 부모들의 충분한 동기가 있다는 뜻이다.

재미교포들을 보라. 작은 슈퍼마켓이나 세탁소를 경영하며(이 역시 결코 쉬운 것은 아니다!) 자녀를 먹여 살려 아이비리그에 진학시킨다. 이런 교육열은 다른 문화권에서 배우고 싶어도 배우지 못하는 것이다. 누가 그들에게 돌을 던질 수 있는가? '과열 경쟁'을 해결할 방법은 없고, 해결하는 것이 바람직하지도 않다. 게다가 '열기가 과하다'는 것은 누가 결정하는 것인가? 그 기준선은 비판자의 내부에만 존재할 것이다.[46]

'시험 성적 공개'도 마찬가지다. 물론 이를 모두가 볼 수 있게끔 공개하는 것의 실효성에 대해선 의문을 가질 만하지만, 학생들은 얼추 스스로의 위치를 이미 알고 있기에, 그들이 이야기하는 것만큼 충격이 크지는 않다. (앞서 말했지만, 우리 뇌에는 사회에서 내가 얻은 지위를 자연스럽게 측정하는 시스템이 내장되어 있다. 이에 따라 세로토닌serotonin과 옥토파민octopamine 수치가 조절된다.) 1등 하던 학생이 200등을 했을 때나 충격이 큰 것이지, 100등 하던 학생이 110등 한다고 충격이 클 리는 없다.

또한 '줄 세우기'는, 시험이 존재하는 근본적인 이유이다. 심지어 '선발시험'이 아니라 '자격시험'이라 해도, 앞줄과 뒷줄로 이루어진, '줄을 세우는 것'이다. '줄 세우기' 기능이 시험에 없다면, 시험을 볼 이유가 사라지는 셈이다. '시험'이 없다면, 학생들을 평가할 '기준'이 없다. '평가 기준'이 없다면, 대학이 학생들을 뽑을 '객관적 근거'가 사라져 버린다. '객관적 근

---

46) 알렉산드르 솔제니친Aleksandr Solzhenitsyn은 『수용소 군도The Gulag Archipelago』에서 다음과 같이 말했다. '선과 악을 가르는 선은, 국가 사이에도, 계층 사이에도, 정치적 정당 사이에도 존재하지 않는다. 하지만, 모든 사람들의 마음속을, 가로질러 나아간다.'

거'가 없다면, 자의적인 근거에 따라 학생들을 선발하겠다는 것이며, 이는 대입 선발의 투명도가, 해방 직후로 쇠퇴하는 것이다. 이에 따라 필연적으로 교육 제도는 부패할 것이다.

마지막으로 학생들을 사회가 '학대'하고 있다는 표현은, 사회에 대한 불필요한 불신을 자극해, 학생들에게 불필요한 방황을 초래할 수 있다. 함부로 남발할 만한 표현이 아니다. '방향 설정의 실패'로 인해 충분한 진전이 없긴 했어도, 사회는 학생들의 교육을 위해, 적어도 막대한 자금을 쏟아부어 왔고, 앞으로도 그럴 의지가 있다. 한국 사회가 학생들의 진정한 성장을 위해 투자하고 변화할 의지가 있다는 믿음이 없었다면, 난 이 책을 쓰지도 않았을 것이다. '대안 없는 비판'은 '비난'이다. 우리 손에 A, B, C 세 장의 카드만이 있는데, 어찌 ~A(not A)를 선택할 수 있겠는가? 이런 근거 없고 대중들의 측은지심을 자극하는 선동적인 비판은, 자제되어야 한다. '전문가'라면 더더욱 말이다. 굉장히 일차원적이고, 무책임한 행동이 아닐 수 없다.

다음 점검할 논의는, '국·영·수 중심의 교육과정은 개편이 시급하다'는 논의이다. 나는 이에 전적으로 공감한다. 만약 그 의도가 '정치적'이지 않다면 말이다. (물론 흔히 제기되는 이러한 비판은 구체성이 떨어지고 근거가 모호하기에, '정치적'인 경우가 많다.)

개인적으로, 난 '영어'보다 '경제·금융' 과목이 학생들에게 더 '필수적'이라 생각한다. '필수과목'이라는 표현이 가진 의미는, '해당 지식이 없으면 우리가 실제로 살아갈 수 없다'는 뜻이 아니라, '일상생활에 직결되는 지식을 많이 가지고 있는 분야를, 다수의 학생에게, 더 집중적으로 교육시킬 필요가 있다'는 뜻이다.

이와 같은 궁금증을 해결하기 위해 우린, '왜 영어를 배워야 하는지'에 대해 먼저 이해해야 한다. 앞서 2장에서, 난 '언어교육의 필요성(속독하신 분들을 위해 다시 정리하자면, 더 좁은 범주에 속하는 단어를 이해함이 언어 역량 상승에 도움이 된다는 내용이다.)'에 대해 이야기하고자 했지만, 이는 영어라는 과목을 왜 배워야 하는가와는, 별개의 이야기이다. 왜 학생들(심지어 직장인들까지)은, 다른 과목들에 비해 압도적으로 막대한 시간을, 영어교육에 쏟아야만 하는가? 만약 타당한 이유를 댈 수 없다면, 이는 그 자체로, 어마어마한 비효율이다. 영어권 학생들은 외국어 공부에 막대한 시간을 쓰지 않는다. 불공평하지 않은가? 그들은 그 시간에, 그들의 역량을 조금 더 효율적으로 상승시킬 수 있는 공부를 할 것이다. 영어는, 도대체 왜 배워야 하는가?

우리가 영어를 배워야 하는 이유는, 사실 충분히 많다. 일단 직무현장에서 자주 쓰인다. 이는 의심의 여지가 없다. 수출에 많은 부분을 의존하고 있는 한국의 현실 속에서 어쩔 수 없는 일이다. 사실 이만으로도 필수과목 지정에 충분하다. 먹고 살기 위해 필요한 능력을 기르는 것만큼 중요한 교육은, 존재하지 않는다. 또한 먹고 사는 것을 넘어, 어떠한 분야의 전문가가 되기를 희망하여, 대학 이상의 교육단계에서, '한 층 더 깊은 것들'을 배우고자 한다면, 영어의 역할이 더더욱 커진다. 왜냐하면, 해당 단계에서 배울 만한 것들은, 거의 항상 영어로 쓰여 있기 때문이다.

물론 한국어로 쓰여 있거나 번역되어 있는 경우도 있지만, 영어자료의 양과 질이, 압도적으로 많고 좋다. 내가 경험한 가장 극단적인 예시는, '화성학*theory of harmony*'이었다. 국내 화성학 책을 아무리 뒤지고 뒤져봐도, 혼자 공부할 만큼 잘 정리되어 있는 책은 찾아보기 힘들었다. 이는 실로 믿기 힘들 정도였는데, 대부분의 책들은 마치 수능처럼, 대학입시를 위한 암기식 구성으로 이루어져 있었으며, 대학 입학 이후에 사용되는 교재조차, 교육자에게 많은 부분을 의존하는, '서술'이 거의 없다시피한 문제풀이용 책들밖에 없었다. 화성학을 배우는 이유는 '음악을 진정으로 이해하기 위해서'이다. '문제풀기 위해서'가 아니다. 하지만 영어로 쓰인 책들 중에는 충분히 많았다. 12음기법의 창시자인 아놀드 쉔베르그 *Arnold Schoenberg*가 직접 쓴 책도 구할 수 있었고, 정전으로 통하는 왈터 피스톤 *Walter Piston*의 화성학서도 구할 수 있었다. 예술의 꿈을 접게 되면서 이 책들을 끝까지 정독할 리는 없게 되었지만, 내가 공부한 앞부분까지만 보았을 때, 이 책들은 전공자들의 '이해'를 위한, 내가 그토록 원하던 책에 가까웠다.

어쨌든 이러한 경향은 일반적으로 빠르게 발전한 서구 영어권 국가들에서, 오랜 시간 연구되어 온 자료들이 상대적으로 많기 때문이다. 게다가 다양한 출신을 가진 인구가 모인 미국에서, 전 세계의 막대한 자료들이 영어로 번역되기가, 근본적으로 더 쉬웠을 것이다. (아마 이에 따르면, 미국 학계가 전 세계를 주름잡는 것은, 필연일지 모른다.) 국가는 늘 '글로벌 스탠다드 *global standard*'와 발맞춰 가는 인재를 원하기 때문에, 영어는 필수과목으로 지정되어야 마땅했을 것이다.

그럼에도 불구하고, 난 '경제·금융'이 '영어'보다 필수적이라 생각한다. 나는 여기서 '영어'를 필수과목에서 제하고 '경제·금융'을 넣자고 이야기하는 것이 아니다. '영어'가 필수과목에 들어갈 만큼 타당한 이유가 있다면, '경제·금융'은 더더욱 그러하다는 것이다. 영어는 우리 생활에서 전반적으로 필요하긴 하지만, 경제와 금융만큼은 아니다. 여전히 많은 직업들, 심지어는 전문분야에서조차, 사실상 영어를 사용하지 않는 분야들이 수없이 많이 존재한다. 이들에게 영어공부는, 사실 불필요한 시간낭비에 가까울 수 있다.

하지만 '경제'와 '금융'은 다르다. 이는 우리가 일상생활에서 더 합리적인 선택을 하기 위해, 반드시 알아야만 하는 분야이다. 중국어와 일본어 번역가도, 한국어로 된 노래만 하는 발라드 가수도, 분식집 주인과 보험 외판원, 타일 시공 또는 대문 설치 전문가도, 영어는 피해 갈 수 있었을 테지만, 경제와 금융을 피해 갈 수는 없다. '경제적으로 합리적인 선택'은 매 순간 존재하고, 그들은 반드시 그들의 돈을, 어떠한 방식으로라도 저축하거나 투자해야만 한다. 이들에게 경제와 금융상식이 무장된다면, 분식집 주인은 '더본코리아'의 백종원 대표와 어깨를 나란히 하는 기업을 세울 수도 있을 것이고,[47] 타일 시공 전문가 역시 세계에서 제일가는 인테리어 용품 판매 회사를 세우게 될지도 모를 일이다. 즉, 해당 분야의 상식은, 늘 비판받는 자본주의의 '빈익빈 부익부'를 타파하기 위한 해결 방안이며, '계층 간의 사다리'에 속한다.

최근 뉴스에 20년간 삼성전자 주식으로 부를 축적한 택시기사가 나온 적[48]이 있는데, 그는 '복리의 마법'을 이해하고 있었고, 금융에 대한 보수적인 원칙과 안목이 있었다. 장롱도 제대로 들어가지 않아 눕혀서 넣어야만 했던 반지하 월세방에서, 그는 일을 마치고 눕힌 장롱 위(사실상 '옆'이다.)에서 장기투자를 공부했고, 삼성전자 주식을 꾸준히 모아 집을 살 수 있었다. 반면, 그와 비슷한 처지에서, 매일매일 고통스러운 현실을 잊기 위해 술을 마시던 사람들은, 여전히 반지하에서 술을 마시고 있을 것이다. 지금도 여전히 이 택시기사보다 더 번듯한 직장을 가진 젊은

---

47) 백종원 씨가 '골목식당'을 돌아다니는 이유는, 작은 식당을 운영하는 것조차 쉽지 않다는 점을 알려 주기 위해서였다고 한다. 나는 이 프로그램을 많이 보지는 못했지만, 적어도 식당 주인들에게 경제·금융 상식이 있었다면, 원가 계산에 실패하여 손님들을 놓치거나, 손님들이 많이 찾음에도 망하는 일은 없었을 것이다. 인하대학교에 다닐 때, 친구와 후문에 즐겨 들르던 수제 햄버거집 역시, 학생들이 자주 찾았음에도 불구하고 원가 계산에 실패해, 사업을 접어야만 했다. 이 얼마나 슬픈 일인가.

48) https://www.youtube.com/watch?v=Gad4HQJMYkQ

이들은, 다른 더 많은 상식들로 무장하고 있음에도, '금융 상식'이 부족해 집과 차 유지비에 불필요하게 많은 금액을 사용하고 있을 것이 분명하고, 앞으로도 이들은 점점 더 가난해질 것이며, 택시기사는 점점 더 부유해질 것이다! 그리고 이 모습을 보고 자란 자녀들 역시, 그럴 가능성이 크다.

대한민국은 지리적, 인구적으로 '대국'이라 보기 힘들고, 이러한 국가들이 역사적으로 주도권을 잃지 않기 위해 한 선택은 똑같다. '문화 대국'이 되는 것이다. 믿기지 않을지 모르지만, 우리나라 역시 '문화 대국'으로서, 타 국가들에 비해 비교적 평화롭게 영토를 지킬 수 있었다. 대표적으로, 『무구정광대다라니경』은, 현존하는 세계 최고最古의 목판 인쇄본이다.[49] 『직지심체요절』 역시 마찬가지로, 가장 오래된 금속 활자본이다. 인쇄기술의 발전이 뜻하는 바는, '지식·지혜의 용이한 분배'를 뜻한다. 인쇄기술이 발달하면, 문화성장에 필요한 소중한 지식과 지혜가 빠르게 확산된다. 이는 현대에 이르러, 대한민국이 IT 강국이 되게 하는 중요한 요인이 되었다.

이에 따라 빠르게 성장할 수 있었던 문화수준은, 역사기록의 곳곳에 남아 있다. 문화재청장을 역임했던 유홍준 교수는, 그의 책 『나의 문화유산답사기』를 통해 이런 사실을 알리고자 했다. 특히 '서울 편'에서 '종묘'는, 특히나 강조되는 건축물이다. 스페인 빌바오의 '구겐하임 미술관'과 로스앤젤레스의 '월트디즈니 콘서트홀'을 건축한 프랑크 게리Frank Gehry는, 그가 운영 중인 건축사무소의 50주년 기념 가족여행을, 종묘를 보러 한국으로 왔다. 그는 이러한 '장엄함'은 세계 어디에서도 찾기 힘들다며, '굳이 비교하자면 로마의 파르테논 신전'만이 이러한 느낌을 준다고 했

---

49) 다소 논란이 있는 것으로 알고 있지만, 우리나라가 인쇄기술 선진국이었다는 점은 분명하다.

다. 세계에서 가장 긴 목조건축물을 바라보며, 프랑크 게리는 여기서 '민주적'임을 느꼈다고 한다.[50] 세종이 한글을 반포했던 이유와, 일맥상통하는 유교적 철학이다. 뿐만 아니라 한양도성은 세계 최초의 요새용 성벽 *fortress*이 아닌, 도시 성벽*city wall*이었고,[51] 이순신 장군의 거북선 역시, 당시 배를 나포하는 형식의 해전에서 크게 유용한, 전례 없는 혁신기술이었다.[52] 이를 위해선 높은 수준의 '축적된 문화'가, 필수적으로 존재했어야만 한다.

교육수준은 어땠을까. 조선의 문신이었던 조광조를 대했던 조정의 태도는, 나를 적잖은 충격에 빠지게 했다. 당시 20대 후반이었던 조광조가 가진 총명함과 잠재력은 유명해, 조정의 대신들에 의해 여러 차례 중종에게 천거되었다고 한다. 하지만 사간원의 이언호를 비롯한 대신들은, 중종에게 이러한 의견을 피력한다. '조광조는 재주가 뛰어나지만 아직 나이 서른이 못 되어 한창 학업에 몰두하고 있습니다. 지금 만일 그의 뜻을 갑자기 빼앗아 낮은 관직에 임용한다면 학업이 중단될 것이고 그 자신도 벼슬하는 것을 즐겨하지 않을 것이니, 국가에서 인재를 배양하는 원칙에 어긋나게 될 것입니다.'[53] 여기서 내가 충격을 받은 부분은, '국가에서 인재를 배양하는 원칙'이 이렇게 높은 수준일 수 있다는 사실이었다. 세계사적으로 어느 한 순간, 어느 국가에서라도, 이러한 교육원칙이 '국가적 기준'으로 존재했다는 사실 자체를 믿을 수 없었고, 그 국가가 '조선'이라는 사실은 더더욱 믿을 수 없었다. 당시 교육에 대해 공부하고자 했던 나는, 과거에 존재했던 수준 높은 국가철학이 이제 어디로 가 버렸

50) 유홍준, 『나의 문화유산답사기 9—서울 편 1. 만천명월 주인옹은 말한다』, 창비, 2017, p26.

51) 유홍준, 『나의 문화유산답사기 10—서울 편 2. 유주학선 무주학불』, 창비, 2017, p48.

52) 마크 피터슨*Mark Peterson* 교수의 2014년 진행된 한국 세미나를 참고하시길 바란다. (https://www.youtube.com/watch?v=4AVBq2m2V3Y)

53) 남경태, 『종횡무진 한국사 2』, 휴머니스트, 2001, p134.

한국의 교육

는지, 침울하기 그지없었다.

이야기가 다소 길어졌는데, 결국 나는 우리나라가 '문화'로 살아남아야 한다는 말을 하고 싶었다. 지금 시점에서 전 세계에서 가장 중요한 '문화'는, 어떤 문화일까? 음악? 미술? 나 역시 예술에 한 몸 바치기로 결심했던 사람이지만, 택도 없다. 우리는 예술 없이도 살아갈 수 있다. 그러나 돈 없이는 살아갈 수 없다. 그렇다. '경제·금융 문화'이다.

최근 미국 스커더*Scudder*자산운용에서 코리아 펀드*Korea Fund*를 운용했던 현 메리츠자산운용 CEO, 존 리*John Lee* 대표는, 금융 교육의 필요성을 알리기 위해, 돈도 받지 않고 강연을 다닌다고 들었다. 내용 역시 너무 좋다. 지금처럼 안타까운 현실 속에, 너무나 감사한 일이 아닐 수 없다. 만약 내가 그의 입장이었어도, 같은 행보를 보였을 것이다. 자본주의에서 자본의 흐름을 모르고 살아간다는 것처럼 멍청하고 무모한 방법이 없다. 우리는 왜 학생들에게 돈을 어떻게 의미 있게 써야 하는지 알려 주지 않을까? 타당한 이유란 존재하지 않는다. 존 리 대표의 표현을 빌리자면, 그저 '금융 문맹국'이기 때문이다. '모르기 때문에' 알려 주지 못하는 것이다. 지금 시점에서 '금융 선진국'은 어디일까? 미국이다. (특히 유대인들이다.) 게다가 미국은 인구가 많아 내수가 안정적이기까지 하다.

자본주의에서 돈을 활용하는 방법을 아는 나라는, 모든 곳에서 주도권을 잡게 되어 있다. 교육적인 관점에서만 보아도, 우리나라 최고 인재들이 모였다는 서울대학교는, 흔히 한국인들 사이에서 도피 유학처로 선택되는 뉴욕대*New York University*보다 순위가 낮다. 이는 훌륭한 교수들이, 그들의 직장으로 서울대보다 뉴욕대를 선택한다는 의미이기도 하다. 분하지 않은가? 왜 그들이 서울대 대신 뉴욕대를 선택하겠는가? 이미 그들이 미국인이거나, 돈 때문 아니겠는가? 누가 나를 더 높게 대우해주는 직장을 싫어할까?

난 한국 교육사회를 그리 높게 평가하지 않는 사람임에도 불구하고, 뉴욕대 학생들보다 서울대 학생들의 잠재력이 일반적으로 더 뛰어나다는 것에 한 표를 걸겠다. 하지만 그들은 그에 상응하는 교육을 보장받지 못한다. 이는 한국인으로서의 내 자존심이 허락하지 않는 일이다. 우리는 미국을 앞서나가야 한다. 미국이 우리에게서 배워야 한다. 그게 순리에 맞는 일이다. 상대적으로 작은 나라는 변화에 빠르게 반응할 수 있기에, 문화가 빠르게 진보하기 쉽다. 자본주의 사회에서, 우리는 반드시 금융 문화 대국이 되어야 한다. 그리고 될 수 있다. 그러나 지금 시점에서, 우리는 미국을 20년 차이로 따라가기도 벅차며, 이러한 '중소국의 강점'을 충분히 활용하지 못하고 있다. '영어'는 몰라도 될 사람들이 있을지 모르지만. '경제'는 몰라도 될 사람들이 존재하지 않는다. 따라서 '경제'와 '금융'은, '영어'보다 중요한, 필수과목이 되어야 마땅하다.

최근, '한국사' 역시 필수과목으로 지정된 것으로 알지만, 그 근거가 충분히 타당한지 궁금하다. 내가 보기엔 '한국사'보단 '세계사'가 더 중요하다. 궁극적으로 한국사는 세계사의 일부이기 때문이다. 그렇다면 세계사를 먼저 배우고, 더 깊게 배우려는 학생들은 한국사를 혼자 공부하든 이후 전공으로 삼든, 따로 배우면 될 일이다. 일반적으로 학생들은 넓고 얕은 것을 먼저 배워야 하고, 깊고 좁은 것은 개인들의 선택에 맡겨야 한다. (앞서 내가 로날드 도어의 책을 보지 않았다면, 한국 교육의 변화가, 개발도상국들 사이에서 일어난 공통적인 변화라는 점을 놓쳤을 가능성이 크다. 이런 좁은 우물에서 뭘 판단할 수 있었겠는가?) 이 역시 국가 교육이 원칙 없이 흔들리고 있다는 증거가 될 것이다.

게다가 지금까지의 한국사는 정치사 중심으로 흘러간 경향이 너무 강했기에, 정치가 이미 안정된 지금, 한국사에서 일반 학생들이 배우고 싶어질 만한 것들이 마땅하지 않다. 물론 배워서 나쁠 건 없고, 상당 부분은 반드시 알아야 한다. 하지만 이 정도는 세계사를 공부하며 함께 알아 갈 수 있고, 한국사만 따로 떼어 내어 고등학교 필수과목으로 가르치기엔, 다소 양이 많고 비효율적이라는 것이 내 생각이다. (물론 '한국사'라는 이름으로 세계사적인 내용을 함께 다루고자 하는 것은 찬성이다. 그러려면 세계사의 서술 비중이 현행보다 훨씬 높아져야 한다.)

'한국인이니까 한국사를 알아야만 한다'는 말은, 지금까지 국민들의 애국심을 자극시켜 당연하게 받아들이게끔 되었지만, '인간이니까 세계사를 알아야만 한다'는 말보다는, 더 약한 주장이다. 영어는 필수과목으로 지정하면서 심지어 국어·수학보다 월등히 중요한 과목으로 평가받고 있는데, 세계사는 왜 그러하지 않을까? 한국을 포함한 거대한 세상에 대해 먼저 공부하고, 이후 외국어 과목을 선택하는 것이나 세부적인 한국사를 배울지 말지는 본인의 선택에 맡기는 것이, 사실 더 장기적 차원에서, 그리고 원칙적으로 바람직한 교육이 아닐까?

—

기존의 해결 방안

교육사회의 고질적인 문제들을 타파하기 위해 기존에 제시되던 해결 방안들은 대략 다음과 같은 것들이다.

첫째, '북유럽식 교육'의 모방이다. 나는 시나리오를 준비하는 과정에서, 이와 같은 주장을 가진 책과 자료들을 모두 읽어보았는데, 막상 자세히 읽어 보면 사실 주장에 밑받침되어야 할 근거의 실체를 찾기가 힘들다. 동아시아권에 비해 월등히 적은 시간을 할애하는데도 불구하고 학업성취도평가에서 더 높은 랭킹을 기록한다든가, 일방통행이 아닌 쌍방통행식 교육을 지향한다든가, 경쟁을 추구하는 것이 아닌 평등한 형태의 '교육을 위한 교육'을 지향한다든가 하는 것들이다.

전자의 '학업성취도평가'는, 그 실효성이 의문이라 앞서 이야기한 적이 있다. 게다가 사실 이와 같은 자료들은, 국가 교육 제도 판단의 척도라기보다는, 문화적인 영향력이 훨씬 강해 보인다. 난 미국에 사는 미국인, 미국에 사는 스웨덴인, 스웨덴에 사는 스웨덴인 세 종류의 집단이 가진 학력수준을 비교한 자료를 본 적이 있는데, 학력수준은 전자에서 시작해 후자로 갈수록 높아졌다. 이는 개인이 속한 가정과 사회의 문화적인 분위기가 국가 교육 제도보다 더 큰 영향력을 발휘한다는 뜻이다. 즉, 교육열이 높은 북유럽 및 동북아시아인들은, 어디에 삶의 터전을 마련하든, 일반적으로 다른 문화권에서 온 사람들보다 높은 성적을 낸다. 따라서 이와 비슷한 자료들을 '국가 교육이 잘 가고 있는지'를 판가름할 유일한 '창문'으로 활용하게 되면, 앞뒤가 뒤바뀌는 것이다. 그저 '참고자료'로만 활용하면 된다.

'일방통행'이 아닌 '쌍방통행'식 교육 역시 뜬구름 잡는 이야기이다. 선생님과 학생 사이에는 기본적으로 '정보의 격차'가 존재한다. '정보의 격차'가 존재하는 두 명의 화자 사이에서는, 무조건 정보가 많은 사람이 주도권을 가질 수밖에 없다. 차에 대해 무지한 사람이 차가 고장 나면 어디로 가야 하는가? 정비소를 찾아가야 한다. 만약 정비소가 비도덕적인 수리공에 의해 운영되고 있는데, 내게 자동차에 대한 정보가 전혀 없다면, 그가 '사기'를 친다고 해도, 쉽게 판단할 수 없을 것이다. 심지어 만약 우리가 갈 길이 급하다면, 그의 제안을 그저 따르는 수밖에 없을 것이다. 물론 이는 도덕적인 수리공의 경우도 마찬가지이다. 즉, '일방통행'이냐, '쌍방통행'이냐는, 두 화자가 대화주제에 대해 가지고 있는 '정보의 격차'에 따라 결정되는 것에 불과하다. 만약 학생이 해당 주제에 대해 선생님만큼의 지식이 있다면, '쌍방통행'식 대화는 충분히 가능하다. 하지만 일반적으로 선생님들은 더 오랜 기간 교육을 받았고, 가르치는 주제에 대해 전반적으로 학생보다 많이 알고 있을 것이다. 따라서 '일방통행'식 대화가 보다 '일반적'일 수밖에 없다.

여기서 '도덕적인 수리공(좋은 교육)'과 '비도덕적인 수리공(안 좋은 교육, 또는 비효율적이거나 효과적이지 않은 교육)'을 판가름 짓는 것은, '교육법pedagogy'적인 측면으로 접근되어야 하며, 통행이 '일방'인지, '쌍방'인지는, 그 자체로 크게 중요하지 않다.[54] 경험상 더 잘 가르치는 선생님(교사, 강사, 교수)의 수업은, 더 '일방적인' 경우가 많았다. 이는 학생에 비해 선생님이 압도적인 정보의 우위를 꽉 쥐고 있다는 뜻이며, 이 '정보의 우위'는, 우리가 보지 못하는 곳에서 혼자 연구하고 공부한 선생님들의 공이라 볼 수 있다.

'경쟁'이 없는 '평등한 교육'은, 북유럽식 사회주의 모델을 기반으로 유래한 것으로 보인다. 미안하지만 이는 전형적인 사회주의식 오류이다. '경쟁' 역시 피할 수 없는 것이며, 유해한 것이 아니다. '경쟁'이 우월하다는 것은 자본주의와 사회주의의 역사가 증명했지만, 여기서 이를 자세히 다루진 않겠다. 다만 '경쟁'이 없었다면, 우리가 지금의 삶의 질을 못 누리고 있을 것이 분명하다. (삼성과 애플 사이에 지속되어 온 치열한 법정 공방을 보라. 총만 안 쏘지 거의 전쟁이다. '경쟁'을 통해 우리는 '발전'한

---

54) 물론 특정 상황에서 교육법적인 접근을 통해 '쌍방'을 선택한다면, 이는 전혀 문제될 것이 없다.

다. 물론 삼성과 애플은 지속적으로 다른 기업과의 격차를 벌리고 있다.)
'경쟁'은, '외부적인 동기 부여'에 반드시 긍정적인 도움이 된다.[55] 만약 내가 남들보다 나아져야 할 이유가 없다면, 군이 내 삶을 가다듬고 발전된 모습을 추구할 이유 역시 없다. 따라서 오히려 선생님들은, 학생들의 경쟁심리를 자극해야 한다. 가끔은 큰 스트레스가 따라올 수도 있는, '선의의 경쟁'에, 학생들을 익숙해지게 만들어야 한다.

물론 이에는 '방향성'이 너무나 중요하다. '시험'에서 시작해 '교육'으로 결론짓는 현재의 '수능중심 체제'에선 이런 '방향성'이 제대로 설립될 리만무하다. (따라서 우리는 더더욱 공교육의 '비연속성'을 반드시 해결해야 한다.) 반면, 적절한 바탕 속에서의 '경쟁'은, '학대'가 아니라 '교육'의 일부분이다. 사회에 나가면 더 큰 경쟁이 기다리고 있는데, 이에 학생들을 서서히 대비시키지 않고, 오히려 과한 보호막(애 취급*infantilize*)[56]을 쳐준다면, 이 행위가 오히려 '학대'에 더 가까울지도 모른다.

사실 이런 '북유럽식 교육'에 대한 '환상'들은, 모두 '선진교육'에 대한 동경이라기보단, '사회민주주의'에 대한 '결과론적 환상'에 가까운 것으로 보인다. 이런 '정치적 사고'를 바탕으로 교육적인 결과를 수립하고자 한다면, 반드시 정치와 경제에 대한 균형 잡힌 이해가 전제되어야 할 것이다.

최근 북유럽의 교육 변화에 대해서는 아는 바 없지만, 적어도 북유럽의 전반적인 분위기는 사회주의를 포기하는 방향으로 움직이고 있다. 2019년까지 덴마크 총리였던 라르스 뢰케 라스무센*Lars Loekke Rasmussen*

---

55) 「방황과 교육」의 원고에서 나는 '동기'에 대해 자세히 다뤘지만, 아쉽게도 공개될 수 없었다. 동기에 관련된 전문서적들은 충분히 많으니 이를 참고하시거나, 책 후반부의 '참고자료'를 참고하셔도 좋을 것이다.

56) 발달심리학에서, 훨씬 더 어린 아이들에게나 적절한 수준의 도움을 주는 것을 지칭하는 단어.

전 총리는, 2015년 하버드 대학*Harvard University* 연설에서, '미국 일각에서는 북유럽 모델과 사회주의를 연관 짓고 있다. 따라서 난 한 가지를 분명히 하고 싶다. 덴마크는 사회주의 계획경제와는 멀다. 덴마크는 시장경제다.'라고 선언하기도 했으며,[57] 독일 역사학자 라이너 지텔만*Rainer Zitelmann*은, 그의 책 '부유한 자본주의 가난한 사회주의'에서, 스칸디나비아 국가들의 경제사를 이렇게 요약하기도 했다. '스칸디나비아 국가의 경제 체제는 적은 경제 개입과 자유 시장을 특징으로 했다. 이후 사회주의로 방향이 전환되면서 기업가 정신, 부의 성장, 신규 고용 창출이 중단되었다. 시장경제 체제로 복귀하면서, 경제가 다시 성장하기 시작했다.'[58]

물론 아직 북유럽에는 사회민주주의적 흔적이 많이 남아 있지만, 이런 환상에 빠져 있는 분들은, 사실 우리나라보다도 더 '자본주의적'인 국가들을 동경하고 계신 것이기도 하다. 헤리티지 재단*The Heritage Foundation*이 매년 발표하는 '경제자유지수*Index of Economic Freedom*'에 따르면, 스웨덴과 덴마크는 한국보다 '경제자유도'가 높다. '경제자유지수'는, 흔히 '자본주의의 척도'라 불린다.

---

57) https://www.thelocal.dk/20151101/danish-pm-in-us-denmark-is-not-socialist

58) 라이너 지텔만*Rainer Zitelmann*, 강영옥 역, 『부유한 자본주의 가난한 사회주의*Kapitalismus ist nicht das Problem, sondern die Losung*』, 봄빛서원, 2019, p189.

〈표 3〉 경제자유지수[59]

자유로움 (100-80)	
1. 싱가포르 (89.4)	4. 호주 (82.6)
2. 홍콩 (89.1)	5. 스위스 (82.0)
3. 뉴질랜드 (84.1)	6. 아일랜드 (80.9)
거의 자유로움 (79.9-70)	
7. 영국 (79.3)	19. 룩셈부르크 (75.8)
8. 덴마크 (78.3)	20. 핀란드 (75.7)
9. 캐나다 (78.2)	21. 모리셔스 (74.9)
10. 에스토니아 (77.7)	22. 스웨덴 (74.9)
11. 대만 (77.1)	23. 체코 (74.8)
12. 조지아 (77.1)	24. 말레이시아 (74.7)
13. 아이슬란드 (77.1)	25. 대한민국 (74.0)
14. 네덜란드 (77.0)	26. 이스라엘 (74.0)
15. 칠레 (76.8)	27. 독일 (73.5)
16. 리투아니아 (76.7)	28. 노르웨이 (73.4)
17. 미국 (76.6)	29. 오스트리아 (73.3)
18. 아랍에미리트 (76.2)	30. 일본 (73.3)

    무엇보다 학생들을 '과잉보호' 하는 것은, 학생들의 심리상태에 지대한 악영향을 미친다.[60] 교육의 역할은 학생들을 '어른'으로서 준비시키는 것

---

59) 2021년은 COVID-19 사태 이후로 큰 폭으로 많은 국가들의 지수가 하락했다. 따라서 2020년 자료를 가져왔다. 하지만 전반적인 경향에는 큰 변동이 없다. 2021년 랭킹은 다음을 참고하시라. (https://www.heritage.org/index/ranking)

60) 자세한 내용은 뉴욕대 스턴 경영대학원의 심리학자 조너선 하이트*Jonathan Haidt*가 쓴, 조너선 하이트, 그레그 루키아노프*Greg Lukianoff*, 왕수민 옮김, 『나쁜 교육*The Coddling of the American Mind*』, 프시케의숲, 2019를 참조하시길 바란다. 원제에 대한 직역은 '미국인들의 과잉보호'이다.

이다. 따라서 우리는 학생들을 비닐하우스의 가장 안쪽에서 시작해, 문 가로 서서히 내보내야 하며, 이론적으로 가장 이상적인 교육 제도는, 비 닐하우스의 문을 열고 세상에 맞닥뜨렸을 때, 학생들이 아무런 충격과 방황이 없어야 할 것이다. (물론 이는 실현이 불가능하겠지만, 적어도 방 향성만은 이를 따라야 한다.) 따라서 학생들을 과보호하려는 '사회주의 식 교육 제도'에 대한 환상은, 모두 깨져야 마땅하고, 실제로 학생들에게 적용되는 것은, 더더욱 피해야 한다.[61]

둘째, '보완책 설립'이다. 이는 역시 앞서 이야기했던, '고졸자 채용 우 대', '블라인드 채용'처럼, 문제 해결의 구체적 대안이 아닌, 문제가 가지 고 있는 단점을 조금이라도 회복할 수 있는 안을 마련하는 것에 가깝다. (사실 앞서 언급한 '적성검사' 역시도, '성취검사'의 '부정적 여파'에서부터 학교들을 독립시킬 수 있게끔 개발된 검사이다.)[62] 그러나 여전히 이러 한 적성검사가 성취검사의 '부정적 여파'를, 근본적인 차원에서 줄이거나 제거할 수 있는 것은 아니다.

한편 한 나라의 교육 제도가 가진 근본적인 고질병을 해결하고자, 흔 히 '대안학교', '홈스쿨링' 등의 대안책도 제시되지만, 이는 문제를 가장 적극적으로 회피하는 것에 불과하다. 극단적인 모르몬교 부모님을 둔 타 라 웨스트오버*Tara Westover*의 에세이, 『교육의 발견*Educated*』은, 이러한 '해 결책'의 한계를 명확히 보여 준다. 그녀는 '홈스쿨링'에 따라, 가정에서 발 생하는 학대를 당연시하고 살아가야만 했고, 국가는 이를 감지하지 못했 다. 타라는 대학에 입학한 이후, 사회에 적응하는 데에 어마어마한 어려

---

61) 유시민 작가의 표현을 빌리자면, 학생들을 '멸균실에서 증류수만 마시며 살게끔 하는' 방식으로 교육이 이루어지면 안 된다. '병균이 있는 사회에서도 면역력을 유지할 수 있게끔' 교육이 이루어져야 한다. 그는 전前 보건복지부 장관이었기에, 아마 이런 수준 높은 비유가 가능했을 것이다.

62) Ronald Dore, 『The Diploma Disease』, UNIVERSITY OF CALIFORNIA PRESS, p155.

움을 겪었다. (심지어 대학에 입학하는 것조차, 그녀에겐 사실상 기적에 가까운 일이었다.)[63] 이러한 방식으로는 개인에게 과도한 권한이 넘어가게 되고, 이에 따라 국가가 학생들을 케어하기 힘들게 하여 '사회적 관심의 사각지대'에 놓이게 한다.

모든 종류의 환상은, 깨어져야 마땅하다. 우리는 교육문제를 정치적으로 접근해서는 안 된다. 심지어 문제가 결과적으로 정치인들에 의해 해결되어야 함에도 불구하고 말이다.

···이 같은 모든 이야기들은 너무나 슬프다. 모두가 알고 있듯, 학교에서의 일 년은 단지 학교에서의 일 년이 아니기 때문이다. 이는, 환희歡喜에서부터 고통까지, 성장과 통달通達의 경험에서부터 얽매임과 (발전의)저해沮害까지, 무엇이든 될 수 있다. '추론능력 및 상상력'의 지속적인 훈련에서부터, '암기력'만을 위한 배타적 훈련에 이르기까지 말이다. 그리고 이것은 '결과의 어마어마한 차이'를 만든다. '내부 효율'이라는 하찮은 (경제학적)측정도구들이, '담으려고 시도조차 못할' 차이를 말이다.[64]

···시작 직후부터 지금까지 던져 온 질문이, '어떻게 가난한 가정의 아이들이 특권층에 진입하는 기회들이 개선될 수 있을까?'였다. 그러나, '어떻게 교육이 그의 일부를, 비非특권층 대다수의 (전반적인)향상을 위해 기여하게끔 할 수 있을까?'와 같은 질문은, 한 번도 던져지지 않았다.[65]

- 로날드 도어*Ronald Dore*,

『학위병*The Diploma Disease*』中

---

63) 타라 웨스트오버*Tara Westover*, 『교육의 발견*Educated*』, 열린책들, 2020.

64) Ronald Dore, 『The Diploma Disease』, UNIVERSITY OF CALIFORNIA PRESS, p96.

65) 같은 책, p123.

근본적인 해결 방안

위와 같은 사례들을 점검해 가며 내가 내린 결론은 다음과 같다. 이는 대중의 상식과는 상반되는 것이고, 정치권의 분위기와도 다소 흐름이 다른 것이다.

첫 번째 단계

'공교육의 질'을 확립한다. 앞서 확인할 수 있었던 '비연속성'의 문제를 해결하며, '교육의 원래 목적'으로 돌아간다. 이를 가로막는 가장 현실적인 문제는, '양질의 교과서'가 없다는 점이다. 따라서 교과서의 연구개발을 장려한다. 이 과정에서 '검정' 또는 '국정화' 교과서의 가능성은, 철저히 배제되어야 할 것이다. 이러한 방식을 택할 때는, 아무도 '불편하게끔' 하면 안 되기 때문에, 교과서는 의견 충돌 회피를 위한 '정보의 나열'만을 보장한다. 이런 방식으로는 학생들로 하여금, '이해'에 도달하기 힘들게 한다. (당장 국사 교과서를 펼쳐 보아라.) 따라서 학교는 자율적으로, 민간 출판된 교과서를 선택해야 한다.

이는 '교재의 퀄리티 확보'를 목표로 하는 것이며, 정치적인 이념과는 무관하다. 교재를 작성하는 학자들은, 필연적으로 독자들을 '설득'시켜야 하기 때문에, '이해'를 목적으로 쓸 수밖에 없으며, 더욱이나 그들이 쓴 책이 여러 학교들에 의해 교과서로 선택된다면, 이 역시 그들에게 많은 부를 보장하기 때문에, 그들이 가진 '양질의 지식'에 대한 분배가 '장려'된다. 이에 따라 국민들이 일반적으로 부담하는 교재비가 증가하지만, 사교육비가 감소한다. 교재 선택에 학교는, 자체적으로 책임을 지게 된다. 이 과정에서 필연적으로 따라오는 저자들 사이에서의, 그리고 학교들 사이에서의 '경쟁'은, 교육의 질 향상을 약속한다.

두 번째 단계

위와 같은 과정을 거치면, 학생들이 들이는 노력과, 그들의 '역량 상승'이 직결되어, '내부적 동기'가 상승한다. 이에 따라 학생들의 교육사회에 대한 신뢰도가 상승해, '외부적 동기' 역시 증가한다. 한편, '쉬운 수능'이 탄생한다. '교육을 위한 교육'은, 다소 느리다. 따라서 국가시험은, 지금만큼의 난이도를 유지할 수 없다. 수능 난이도는 하락하고, 이에 따라 '억지로 난이도를 올려야만 했기에' 생겼던, 수능 내 '논리적 결함'들을 해결할 수 있다. 이는 국가 교육 제도에 대한 신세대들의 신뢰도를 상승시키고, 사회를 불신함으로서 생기는 '방황의 크기'를 줄이는 효과를 만든다. 이에 따라 '기성세대들의 지혜'가 신세대들에게 인정받으며, '사회의 선순환'이 촉진된다.

세 번째 단계

'쉬운 수능'이 탄생하면, 수능 성적이 증명해 주는 학생들의 역량이 줄어든다. 따라서 교육열이 유지되는 한, 대학의 '선발 부담'이 증가하며, 학생들을 효과적으로 선발하는 데에 더 많은 연구와 재정을 투자해야 한다. 이에 따라 대학 등록금이 상승하고, '공교육의 부정적 여파'에 대한 대학의 독립성이 증가한다.

학생들은 '수능' 또는 '수능형 내신'을 대비하는 대신, 대학에서 준비한 입학 기준에 더 많은 시간과 노력을 할애하게 된다. 상승된 대학 등록금의 일부는, 줄어든 교육재정 지출(적은 세금)로, 일부는 대학 자체의 분배 제도를 통해 상쇄가 가능하다. 예컨대 하버드대학의 학생들은, 2012년 기준 연간 54,496달러의 등록금을 내야 했지만, 평균적으로 학생들은 인당 41,000달러의 장학금을 받았다. 이러한 방식은 부유한 가정들에게는 등록금을 온전히 걷고, 저소득층에게는 학자금 지원 및 보조를 통해 경제적 부담을 줄여 주는 방식의, '누진적' 등록금 제도를 통해 이루어지기에, 실질적으로 부유층이 과거 어느 때보다도 자녀들의 대학 등록금으로 많은 돈을 내야만 하는 결과를 만들었다. 미국의 아이비리그 대학들은, 이러한 흐름을 주도하고 있다.[66]

학생들이 '높은 역량'을 가지고 입학함에 따라, 국내 대학들의 경쟁력이 증가한다. 대학은 재정적으로 안정적이게 되고, 이에 따라 교수들의 연구 역시 장려된다. 이 단계에서, 대학의 '입학 대비 졸업률'이, 하락할 수 있다. 이는 '교육 인플레이션'을 늦추는 효과가 있을 것이다. 학생들은 중등교육과정의 '줄어든 범위' 때문에, 이를 대학에 입학한 이후에 습득하여야만 한다. 학교의 교수들 역시 학생들이 받아온 교육에 따라, 그들이 가진 '실질적인 역량'을 증명할 수 있는 방법으로 평가하고자 한다. 이러한 '졸업의 높아진 난이도'는, 사회의 '대학 졸업장'에 대한 신뢰를 불러오며, 이는 앞서 확인한 '블라인드 채용'과 같은, 장기적 실효성이 의심되는 정책에 쏟아붓는 돈이 다소 줄어듦을 뜻한다. 이에 따른 '정책의 효율성 증가'는, 물론 국민들에게 돌아간다.

---

66) Evan Soltas, 「Why College Costs Aren't Soaring」, Bloomberg, 2012. 11. 27. 그레고리 멘큐*N.Gregory Mankiw*, 김경환·김종석 옮김, 『멘큐의 경제학*Principles of Economics*』, Cengage Learning, 2018, p369.에서 같은 기사를 확인할 수 있다.

네 번째 단계

이렇게 생긴 '대학에 대한 신뢰'를 바탕으로, 기업은 추가적인 선발노력에 지출되는 금액을 절약할 수 있다. 입사하는 직원들은 학술적인 근거를 충분히 '이해'하고 있어, 회사에서 이를 통한 '응용'이 가능해지고, 이에 따라 기업 내 인재들의 전반적인 수준이 높아진다. 기업이 부유해짐에 따라 대한민국이 부유해지고, 다소 '자본주의'에 가까운 정책에 따른 '부의 양극화'가 유발됨에도 불구하고, 한국 사회 전체의 절대적인 생활수준은 끌어올려진다. 높아진 생활수준은, '증가한 교재비 부담'에 더 잘 대처할 수 있게 해 주며, 사회가 선순환된다. 만약 코로나 바이러스처럼 국가적으로 소비가 위축되어 '자본주의의 위험'이 도래한다고 하더라도, 끌어올려진 인재들의 수준은, 이러한 문제를 더 현명하게 타파할 수 있게끔 할 것이다. 증가된 '정책의 효율성'은, '공평한 출발선'을 만들어 주는 데에 활용된다.

이 과정에서 점검되어야 하는 것은 다음과 같다.

첫째, 경제·금융 분야 필수과목 선발이다. 이는 앞서 충분히 이야기한 바 있다. 현재 해당 분야에 대해 국가적인 무지 상태에 가깝기 때문에, 금융감독원의 주도로 교재를 쓰게 되면, 가장 빠르게, 그리고 동시에 국민들이 신뢰할 만한, 괜찮은 결과물이 나올 것이라 생각된다. (금융감독원에서는 현재 온/오프라인 금융 교육을 제공하고 있다. 하지만 시간이 충분히 흘러 금융감독원이 집필한 교재의 질을 초월하는 민간 집필 교과서가 등장하고 검증받는다면, 우리는 이를 선택할 수 있을 것이다.)

둘째, 단성교육*Single-sex Education*에 대한 점검이다. 모든 학교를 남녀공학으로 통일한다. 모든 학교가 남녀공학으로 통일되면, 성장기 학생들과 이들을 관리하는 선생님들에게 당장 불편한 점들이 분명 생기겠지만, 이 역시 교육에서 놓치면 안 되는 부분이다. 타인을 배려하는 것은 늘 일정 부분의 '불편함'이 생기기 마련이다. 최근 한국 사회에서 성별 간 충돌이 격해지고 있는데, 결국 모든 논의는 '성별 간의 공통점과 차이점'을 경험해 보지 않았고, 모르기 때문에 생기는 것이다. 일부 극단적 진보주의자들 사이에서 퍼지는 '미세공격microaggression[67]'이라는 용어는, 이러한 '불편함'이 존재하지 않아야 한다고 주장하는 근거로 사용된다. 남녀가 함께 살아가야 하는 사회에서, 굳이 남녀 학생을 인위적으로 분리할 이유는 없다. 오히려 서로를 배려할 현명한 방법을 찾아갈 수 있도록, '불편한' 환경을 조성해 주어야 한다. '학교는 안식처가 아니다.'[68]

셋째, 체육교육에 대한 전문성 확대이다. 체육 교육은 공 던져 주며 놀라고 하는 것(현행 체육수업)이 아닌, 또는 여러 종목들의 룰을 암기하는 것(현행 체육교과서)이 아닌, 신체와 신체적 활동에 대한 이해를 목표로 하는 수업이 되어야 한다. 내가 경험한 방황의 적어도 반 이상은, 신체균형이 파괴되며 생긴 방황이었고, 많은 현대인들에게 이와 같은 고질병들이 나타나고 있다. (이는 흔히 우울증, 공황장애 등으로 이어진다고 한다.) 이러한 훈련은 정보를 습득하는 것 이상의 중요함이 있고, 일상적 범위의 '트레이너'들을 능히 초월하는 지식과 전문성이 있어야만이 '교육'

---

67) 이런 용어는 우리의 일상적인 언어 사용에 '차별적인' 의도가 내포되어있다는 '망상'에서 비롯된다. 예컨대 이런 '미세공격'이 실존한다고 주장하는 사람들 중 극단주의자들은, 피부색을 기준으로 인종을 지칭하는 행위 자체를 하지 말아야 하거나, 심지어는 남자와 여자를 구분하는 단어조차 없애야 한다고 주장한다. 마지막 장에서 다시 다룬다.

68) 예일대Yale University의 아동발달전문가 에리카 크리스타키스Erika Christakis 교수의 유명한 사례를 다룬 더글라스 스톤A. Douglas Stone과 메리 슈왑스톤Mary Schwab-Stone의 뉴욕타임즈The New York Tiems 기사 제목이다. A. Douglas Stone, Mary Schwab-Stone, 「The Sheltering Campus : Why College Is Not Home」, 「The New York Times」, 2016. 2. 5. 해당 교수는 학생들에게 떨어진 '복장 지침'에 반대하는 의사를 내비쳤다가, '인종 차별주의자'라는 비판을 받으며 휴직에 들어가야만 했다.

이 가능하다. 특히 최근 각광받는 스포츠재활 분야는, '사후대처'용 공부로도 중요하지만, '예방용' 공부로는 더더욱 중요하고, 적합한 것 같다. (하지만 이제서야 업계에서부터 중요성을 천천히 인정받고 있는 상황이다. 내가 이 분야의 주식을 통째로 살 수 있었더라면 좋았을 텐데!)

현행 시험의 '부작용'을 타파할 수 있는 방법으로는, 시험 문제와 기간을 늘리는 방식으로 가능하다. 예컨대 난 토익*TOEIC*이, 현행 수능 영어시험보다 더 훌륭한 시험이라 생각한다. 자세한 자료는 확인한 바 없지만, 분포도 역시 훌륭한 듯하다. [69] 사용되는 단어들도 실무에 적합하다. (다시 말하지만, 먹고 사는 데 필요한 능력을 함양하는 것만큼 중요한 교육은 없다!) 단점이 있다면 수능 영어보다 오랜 시간 시험을 치르고, 많은 문제를 풀어야 한다는 점이다. 대신 시험이 자주 열린다. 우린 토익의 장점을 받아들여 시험 문제와 기간을 늘리고, 늘리는 데에 현실적인 한계가 있다면, 여러 번 시험을 치르는 방식도 고려해 볼 만하다. (이러한 흐름은, 역시 미국의 SAT와 비슷한 것으로 알고 있다.)

학생들이 들이는 노력에 비해 수능 시험에 들어가는 노력은, 터무니없이 적다. 노력의 '양'이 적지 않더라도, 질적으로도 너무나 부족해 보인다. (솔직히 난 수능이 토익시험의 분별력을 동시에 가지면서, 그 질을 뛰어넘는 순간은 오지 않을 것이라 생각한다. 그만큼 토익은 한국사회에서 공신력이 높은 시험이다. 아마 '쉬운 수능'이 탄생하면, 변별력을 조금 포기해야만 할 것이다. 하지만 토익은 직장인들을 대상으로 한 시험이고, 수능은 고등학교 의무교육을 마친 학생들을 대상으로 한 국가시험이

---

69) 평균은 약 670점이고, 970점을 받았을 때 백분율이 99%였다. 만약 내 점수대의 백분율이, 예컨대 4%(현행 수능 1등급)를 초과한다면, '줄 세우기 기능'이 고장 난, 문제가 분명히 있는 시험일 것이다. 하지만 수능(형) 문제들은 때로 100점을 맞아도 99%가 나오지 않는다. 단적인 예긴 하지만, 바로 이것이 많은 문제를 풂으로써 얻을 수 있는 '점수(줄 세우기)의 세분화'이자, '시험의 공신력'이다.

기에, 이러한 현상에 원칙적으로 문제는 없다. 대학들이 원한다면, 알아서 자체적으로 다른 공인어학시험점수를 요구할 것이다.)

다시 한 번 강조하고 싶은 것은, 민간 출판 교재를 교과서로 사용한다는 점이다. 현행 교과서들은 모두 저자에 의해 이해되고 그 언어로 다시 쓰인 책이 아니라, 공동 저자들과 국검정 기준에 맞추기 위한 '합의'에 따른 '정보의 나열'에 불과하다. 이런 방식으로는 수 년 전 정치·교육계를 달궈 났던 '역사 교과서 국정화' 논의 수준에서 벗어나지 못한다. 어떠한 역사를 한 줄 더 서술하고 한 줄 덜 서술하는 것이 뭐가 중요한가? 애초에 책 자체가 '읽는 사람을 배려한 책'이 아닌데 말이다. 그들이 그토록 큰 논쟁을 벌이면서 추가하거나 뺀 '한 줄'은, 막상 학생들에 의해 읽히지도 않는다. 교과서가 '국정' 또는 '국검정' 교과서의 테두리에 머무르게 되면, '읽는 사람'이 아닌, '쓰는 사람들' 간의 의견 일치를 상징하는 정치적 도구로 전락해 버릴 수밖에 없다. 이와 같은 상황에서 '교과서 중심'으로 공부하는 것은, 바보 중에 바보다. 이와 같은 상황은 사교육 비중이 높아지는 한 가지 주요 요인으로 작용할 것이 분명하다.

앞서 내가 영어를 배우는 데에 사용한 교재와, 한국 영어 교과서의 질 차이를 수치로 표현하자면, 아마 50배가 넘을지도 모른다. 충분한 시간이 흐른다면, 많은 학교들에서 선택되는 교과서들은, '정전'으로 손꼽힐 만큼 '명저'에 해당할 것이고, 이는 아마 '독학'에도 전혀 문제없을 만큼, 저자와 출판사에 의해 세심하게 손질된 책일 가능성이 높다. 이는 '빈자와 부자' 사이의 사다리가 되어 줄 것이다. 대학들에서 사용되는 '정전'들을 보면, 이 사실이 증명된다. 대학 교재를 국검정 교과서로 사용할 자신은 없으면서, 고등학교 교재를 국검정 교과서로 사용할 자신은, 도대체 어디서 나온단 말인가? 그저 무지의 소치다.

물론 이는 내 개인적 탐구의 결과물에 불과하기에, 전문성이 결여되어 있고, 거시적인 수준에 그친다. 어쩌면 이후 논의가 진행되어, 내 제안 모두를 수정해야 할지도 모른다. 나는 이 역시 수용할 수 있다. 다만 우리는 이에 대해 한 번이라도 진지하게 논의해 본 적이 있는지, 스스로에게 물어봐야 한다. 대부분의 경우, 미디어를 타는 주장들은 늘 정치적인 발언뿐이다. 진보는 사회주의적 환상에 빠져 있고, 보수는 교육개혁에 관심이 없다. 이런 정치적 관성 속에서, 피해 보는 것은 늘 학생들과 선생님들이다.

　망치를 가진 사람들에게는 모든 것이 못으로 보인다. 교육은, '정치적 망치'에 의해 다루어지는 '못'에 불과하면 안 된다. 교육은, 교육을 다룰 '새로운 망치'가 필요하다. 앞서 언급한 '교육법', 또는 '페다고지'는, 이러한 '망치'에 해당할 것이다.

5. 교육과 관련된 여러 가지 논의들

학생권과 교권, 그리고 체벌

내가 생각하는 우리나라 교육 제도의 가장 큰 오만은, 전반적으로 '감당할 수 없는 것'들을 감당하고자 함에 있다. 공교육이 학생의 인생 전부를 책임져 줄 수는 없다. 공교육은 학생들이 사회로 나가기 전, 필수적으로 알아야만 하는 지식을 습득시키는 선에서 만족해야 한다. 이로도 충분히 벅차다. 나머지는 학생들과 학부모의 선택에 달려 있다. 학생들에게 체벌을 가하는 것이 학생들의 권리를 빼앗는 것이 아니라, 이처럼 개인이 해야 마땅한 선택들을 국가가 뺏어 가는 것이, '학생권'을 침해하는 것이다. 이 '오만'은, 학생이 스스로 탐구하고자 하는 의지가 강할수록, 더더욱 치명적인 단점을 발휘한다.

일반적으로 고등학생 정도의 나이가 되면, 학생마다 세부적이고 구체적인 인생 계획을 세우고자 할 것(적어도 '희망할 것')이고, 이 과정에서는 독자적이고 개인적인 탐구가 필요하다. (만약 이와 같은 '가정'에 동의할 수 없다면, 고등교육의 필요성에 역시 동의하지 않는 것과 같다.) 슬프지만 고등학교는 이 모든 탐구에, '절대로' 완벽히 대처할 수 없다. '절대로' 말이다.

만약 학생 A의 꿈이 프로 바이올리니스트가 되는 것이고, B의 꿈은 나처럼 펀드 매니저가, C의 꿈은 발레리노가, D의 꿈은 자동차 엔지니어가 되는 것이라면, 이 학생들의 장래희망에 도움이 되어 줄 만한 교육을 국가에서 모두 제공하는 것은, 절대로 '하나의 머리(정부)'로는 불가능하다. '보이지 않는 손'이, 반드시 필요하다. (A의 꿈이 바이올리니스트가 아니라 하피스트harpist라면, 문제는 더 복잡해진다!)

게다가 학생들의 꿈은 유동적이다. 학생마다의 꿈은, 언제든지 바뀔 수 있고, 바뀌는 것이 심지어 학생 개개인들에게 이롭기까지 하다. 나 역시 예술가의 꿈을 9년간 어떤 상황 속에서도 포기하지 않고 이끌어 왔지만, 이를 중단하고 펀드매니저가 되기로 결심한 이후, 펀드매니저로서의 꿈이 더더욱 확고해졌다. 공교육은 이런 유동성에 재빨리 대처해 줄 수 없다. 학생이 사교육을 받고 있다면 학원을 그만두면 되지만, 공교육에선 '이동'이 어려울 수 있다. ('기적적으로' 공교육이 전 분야에 대한 교육을 제공해 주고 있다고 하더라도 말이다.) 나 역시, 이미 외고에 입학한 이후, 난 예술을 공부할 기회를 전혀 제공받지 못했다. 예술을 위해 한 몸 바칠 준비가 되어 있었음에도 말이다.

공교육은 학생들의 자유로운 탐구 의지를 촉진하고 장려할 수 있는 시스템을 갖추어야 한다. 그것이 어떤 분야든지 말이다. 쉬운 수능을 통해 고등교육 기관에서(또는 이를 위해) 보내는 시간이 줄어든다면, 남는 시간을 자율적으로 활용할 수 있게 될 것이다. 물론 '자율적 활용'에는, 학생들이 수능이나 내신을 위해 공부할 가능성 역시 포함될 것이다.

'학생권'에 대비되는 개념으로 '교권'이 있다. 이제 앞서 잠깐 언급했던 '체벌' 문제를 보자. 최근 '교권이 추락하고 있다'는 말과 함께, '높아지고 있는 선생님들의 직업 변경 의사' 따위가 함께 자료로 실리곤 한다. 슬픈 일이다. 난 남중에 다녔기에, 어떤 상황이 이런 변화를 초래했는지 알고 있다. 단적인 예는 다음과 같다.

나는 인천시 계양구에 위치한 '계산중'이라는 남자 중학교를 나왔는데, 우리 학교에는 여자 국어 선생님이 있었다. 거의 '동물의 왕국'[70]과도 가까운 남중생들을 그녀가 다룰 수 있는 유일한 방법은, 사실 그녀의 손에 들려 있는 '엑스칼리버'[71] 때문이었다. 이는 일제강점기 순사마냥 차고 있던 실제 검이 아니라, 두께는 약 2cm 정도에 길이는 30cm가 훌쩍 넘는, 기다랗고 탄탄한 나무 막대기의 별명이었다. 손바닥을 맞으면 '이래도 되나' 싶을 정도로, 정말 많이, 너무나 아팠다. 나는 당시 국어부장이었지만, 오히려 그래서 더욱이 '본보기'로 많이 맞았는데, 맞을 때마다 늘 예상을 훨씬 초월하는, 도무지 익숙해질 수 없는 아픔이었다. 그녀는 이 '엑스칼리버'를 늘 몸에 지니고 다녀 무기의 숙련도가 굉장히 높았고, 손목을 180도 회전하며 최대한의 힘과 최소한의 노력으로 손바닥을 타격할 수 있었다. 게다가 명백하고 타당한 이유가 있어서 맞는 것이 아니라, 조금이라도 그녀의 심기를 거슬리면 맞게 되었는데, 전완근이 단련된 그녀의 수업에서 그녀에게 조금이라도 반기를 들 수 있는 남학생은, 단 한 명도 없었다. 반면, 조곤조곤 착하고 넓은 마음으로 수업을 하던 기술·가정 과목의 여선생님은, 당시 학생들이 휴대폰으로 선생님의 치마 아래를 촬영하거나 수업을 의도적으로 방해하며, 거의 수업을 진행할 수 없었다. 이에 따르면 '교사의 체벌권'은, 적어도 당시 상황에서는, 수업을 진행하기 위해 필수적인 '수단'이었다. 사실 그녀는 늘 도서관에서 손목

---

70) 당시 우리 학교에는 흡연하는 학생이 전체의 1/3이었고, 주먹만 한 돌을 친구들에게 던지거나 의자와 책상을 구부려 못 쓰게 만드는 것이 예사였다. 자는 학생에게 소화기, 빗자루를 던지기도 하고, 여학생이 학교에 등장하면 학생들은 성희롱적인 추파를 던졌다.

71) 아서왕King Arthur의 전설에 등장하는 성검. 바위에 갇힌 이 검은, 진정한 영웅만이 뽑을 수 있다고 한다.

통증을 호소했기에, 체벌을 즐길 리는 만무했다. 게다가 그녀가 제공하는 수업의 질은 '아주 높았다'. 이런 양질의 수업을 제공하는 일은, 눈에 보이지 않는 많은 준비 없이는 불가능한 일이다.

즉, '교권이 추락한다'는 말은, 학생들의 권리를 과하게 보장함을 통해, 선생님들이 정상적인 교육을 제공하기 위해 필요한 필수적인 권리들을, 선생님에게서 앗아 가기 때문이다.

이렇게 생각해 보자. 만약 우리의 자녀가 짝꿍이 잠깐 허락 없이 지우개를 빌려 썼다는 이유로, 홧김에 친구의 얼굴을 커터칼로 그었다면 어떻게 할 것인가? 미성숙한 자녀가 한 그 행동을 멈추게 하기 위해, 사용 가능한 모든 수단을 동원해야 할 것이다. 말로 해서는 통하지 않을지 모른다. 심지어 때려서도 통하지 않을지 모른다. 추운 날씨에 옷을 벗겨 아파트 복도에서 하룻밤을 보내게 해야만, 그 행동을 멈출지 모른다. 그 행동을 멈추게 할 수 있을 정도로 강한 수단과 권리를, 가능하다면 모두 활용해야 한다. 하지만 최근 버스에서 본 공익광고에 따르면, 이러한 '체벌'을 하는 행위가, 이제는 '가정폭력'에 해당한다. 이는 '교육'을 포기하라는 뜻이며, 자녀의 행동에 부모가 책임을 지지 말라는 뜻이다.

즉, '교육'은, 어린 나이로 갈수록, 필연적으로 '강압적'일 수밖에 없다. 어린 아이들이 '도둑질'이라는 행위가 나쁘다는 것을 어떻게 알겠는가? 우리는 이를 사실상 '주입'했다. '하지 말아야 할 것'을 알려 주기 위해선, 자녀가 '할 수 있는 행위'를 '제한'해야만 한다. 억지로라도 말이다. 따라서 '주입식 교육'은 어린 나이일수록, 더 효과가 있으며, 심지어 필수적이다.

앞서 '방정식'에 대해서도 잠깐 언급했지만, '1+1=2'가 된다는 사실도,

왜 우리가 '이해'하고 있는가? '주입'당했기 때문이다. 미성숙한 학생들[72] 은 마치 본인 부모의 세대가 인류의 첫 세대인 것으로 착각한다. 하지만 부모 역시 부모가 있었고, 부모의 부모 역시도 부모가 있었다. 따라서 사회에는 오랜 기간 축적되어 온 '약속'이 존재한다. 이런 '약속의 역사', 흔히 '윤리' 또는 '상식'이라고 불리는 것을, 자녀에게 한꺼번에 전달해 주기란 불가능하고, 우리 스스로도 제대로 모른다. 따라서 '주입'시켜야 한다. 그리고 사회생활을 해 나아가며, 천천히 경험을 통해 이해시켜야 한다.

모든 교육의 입문 단계에는, 일정 부분 주입이 필요하며, 따라서 교육은 본질적으로 '강압強壓'이다. 그러나 '상식'을 '주입'하기 위해선, '힘'이 필요하다. '체벌'이 허락되지 않는 요즘, 양질의 교육을 제공할 수 있던 여교사가, 남중에서 어떤 생활을 하고 있을지 궁금하다. 아마 나였다면, 남녀공학 또는 여중으로 보내 달라고 요구했을 것이다. 요구가 받아들여지지 않는다면, 일을 그만두었을 것이다. 치기 어린 남학생들이 손에 단소를 든 체육 전공 담임선생님에게는 함부로 못하면서, 착한 여선생님에게는 막 대하는 이유가 무엇이라고 생각하는가?

반면, 학생들이 나이가 들수록, 행해지는 '강압'은 줄어들어야 마땅할 것이다. 일반적으로 고등학생들에게 '강압적인 교육'을 하는 것은, 초등학교, 중학교와는 달리, '애 취급' 하는 것이다.[73] 하지만 정신적으로 너무나도 미성숙한 초등·중학교의 경우, '강압적이지 않은 교육'을 하라는 것 자체가 모순이고, 어불성설이다. 즉, 어린 학생들을 선생님들이 물리적으로 때리지 않는다고 하더라도, '강압적인 교육'을, 이미 우리는 어느 정

---

72) 뇌과학적으로 이를 다룬 좋은 책은, 프랜시스 젠슨*Frances E. Jensen*, 에이미 엘리스 넛*Amy Ellis Nutt*, 『10대의 뇌*The Teenage Brain*』, 웅진지식하우스, 2018이 있다.

73) 이와 관련해 약간의 긍정적인 변화가 있다면, 최근 '고교학점제'를 시행하겠다고 밝혔다는 점이다. 물론 가장 중요한 '교과서' 문제는, 해결되지 않은 채로 남아 있다.

도 하고 있다는 것이다. 체벌을 하지 않고 문제를 해결할 수 있는 페다고지가 개발된다면, 물론 그리 하면 된다. 아마 대부분 현장에서는 이와 같은 방법을 택할 것이다. 하지만 일부 상황에서 아직 페다고지가 없다면, '체벌권'을 굳이 교사들에게서 앗아 가, 불필요한 스트레스와 책임을, 교사들에게 너무 많이 주고 있지 않은가 생각해 보아야 한다. 앞서 제시한 사례에서 능력 있는 여교사가 할 수 있는 다른 선택이 무엇이 있을까? 내가 보기엔 없다. (있다고 주장하는 사람들은, '남중'을 과소평가하는 것이다!) 따라서, 이런 체벌을 '비판'하면, '대안 없는 비판', 즉 '비난'이 될 뿐이다.

교사가 되기 위해선 임용고시를 봐야 하고, 이는 지원자가 교사가 될 자격이 있는지를 알아보는 시험이다. 이들은 기본적으로 교사가 되기 위해 전문적인 공부를 한 사람들이며, 따라서 임용고시에 통과한 교사들에 대한 신뢰를 바탕으로, 교육사회가 구성되어야 한다. 불필요한 상황에, 너무 많은 '체벌권'을 활용하여 교사가 학생들을 학대할 의지가 없다는 전제가 기본 되어야 한다. 하지만 지금의 사회 분위기는 기본적으로 나르시시스틱*narcissistic*하고 무지한 학부모들의 발언이 존중받고 있다.[74]

요즘은 때로 공공장소에서 자녀들이 소리를 지르며 돌아다녀도, 부모가 어쩔 줄 몰라 뒤를 졸졸 따라다니기만 한다. 나는 아직 자녀가 없기에 이런 표현을 하기엔 시기상조라는 것을 알지만, 적어도 내 눈엔 부모들이 그 순간만큼은 부모의 역할을 하고 있지 않는 것으로 보이는 것이 사실이다. 이와 같은 사회 분위기 속에서, 교권 추락이 멈추기란 사실상 불가능에 가까워 보인다. 하지만 난 이와 같은 사회 분위기 속에서, 오히려

---

74) 부모들의 자녀를 향한 나르시시즘과, 이에 따라 자녀들에게 생기는 심리적 취약성*vulnerability*에 대해선, Kate Julian, 「What Happened to American Childhood?」, The Atlantic, 2020. 5.을 참고하시길 바란다.

교사들의 체벌이, 엄격하고 교육적 측면에서 이루어질 수 있다고 생각한다. 학생들을 향한 과한 동정심은, 때론 학생들에게 해가 될 수 있고, 책임 회피가 될 수 있다. 개인적으로 난 이러한 문제 제기가, 진보주의 정치인들의 선동적 언사였다고 생각한다.

난 '체벌' 자체를 지지하고자 하는 것이 아니다. 그저 '체벌권'이라는 주제를 통해, 교권이 빼앗겨 가고 있는, 실제 사례를 보여 드리고 싶었을 뿐이다. 당연히 물리적 폭력의 행사는, 다른 방법이 있다면 굳이 사용되지 않는 것이 좋을 것이다. 하지만 인간은 완벽하지 않다. 교사라고 해도 모든 상황에 대해, 처음부터 여러 대처 방안(페다고지)이 준비되어있을 리는 만무하다. 부모와 자녀 관계 역시 마찬가지다. 우리 모두가, 마치 오은영 박사처럼, 여러 가지 상황에 대처법이 잘 마련되어 있는 아동발달 전문가는 아니다. 따라서 교육을 목적으로 하는 체벌은, 이런 미성숙한 교육자들에게, 그 악명만큼이나 나쁘지 않은 방안이 될 수 있다.

나는 1995년생으로, '요즘 세대'에 속하지만, 나 어릴 때만 해도 아버지는 매를 드셨다. 내 형은 아버지께 더 많이 맞았고, 아버지의 아버지는, 더 자주 매를 드셨다. 조금 더 거슬러 올라가, 단원 김홍도의 '서당'에는, 아이가 회초리를 맞고 우는 모습이 그려져 있다. 이들이 어린 시절 경험한 '체벌' 때문에, 일각의 표현처럼 '트라우마'가 생겼거나, 불필요하게 '기가 죽는' 모습을 보여 왔는가? 전혀 그렇지 않다. 오히려 요즘 아이들에 비해 더 성숙하고, 정서적으로 안정되었던 것으로 보인다.[75] 호프 자런 *Hope Jahren* 교수의 책, 『랩 걸*Lab Girl*』에서 가장 기억에 남았던 말이 있다.

---

75) 불안감이 높아지고 있는 요즘세대 아이들에 대한 객관적인 통계자료는 진 트웬지*Jean M. Twenge*, 『#i 세대*iGen*』, 매일경제신문사, 2018을 확인하라.

빛을 가지고 한 여러 건의 실험을 통해 이 '일광'의 변화가 나무들의 경화 과정을 촉발한다는 것이 증명됐다. 인공 빛을 가지고 나무를 속이면 이 경화 과정은 7월에도 시작될 수 있다. 날씨는 변덕을 부릴 수 있지만, 언제 겨울이 올지 알려 주는 태양은 신뢰할 수 있기 때문에 억겁의 세월 동안 나무들은 경화 과정에 의존해 겨울을 날 수 있었다. 식물들은 세상이 급속도로 변화할 때 항상 신뢰할 수 있는 한 가지 요소를 찾아내는 것이 중요하다는 것을 알고 있다.[76]

- 호프 자런, 『랩 걸』中

과거에 조상들이 왜 회초리를 들었는지에 대해, 우리는 간과하면 안 된다. 과거로 갈수록, 그리고 그 과거에 사용되었을 덜 세련된 방식일수록, 그 순수성purity은 높아지기 마련이다.[77] 따라서 우린 방식을 변화시킨다 하더라도, 순수성만은 간직하고 보존해 나가야 한다. 교육도 마찬가지이다. 체벌은 그 자체로 폭력이라는 성격을 띠고 있지만, 상황에 따라 가정폭력이나 교권남용과는 다른 성격을 띠고 있을 수 있다. 세상에 대한 단순화된 이해는, 세상을 이해하는 데에 득得이 되기도 하지만 해害가 되기도 한다. 책을 읽을 때에는 텍스트text보다 컨텍스트context가 더 중요하듯이, 결과(폭력)보단 늘, 과정과 맥락이 더 중요하다.

우리가 앞으로 발걸음을 내딛기 위해선, 반대쪽 다리를 버텨줄, 단단한 땅이 있어야 한다. 물론 이 과정에서 꾸준히 '폭력'이란 근원적 한계를 가진 수단을 대체할 수 있는 페다고지의 개발과 교육이 지속적으로 이루어져야 할 것이지만, 교사들이 체벌을 대체할 페다고지를 습득하고 현장

---

76) 호프 자런Hope Jahren, 『랩 걸Lab Girl』, 알마, 2017, p276.

77) 음악에 관심이 있으신 분들에게, Anton Friedrich Justus, 『On Purity in Musical Art』, John Murray, 1877을 추천드린다. 칼 구스타프 융C.G.Jung이 시도했던 것 역시, 전래되어 오는 설화들 속에서 근원적 '원형'을 찾는 것이었다.

에 적용하는 것은, 사실 또 다른 문제이다. 교사들에 대한 페다고지 교육이 충분히 효율화되어, 거의 모든 상황에 대부분의 교사들(특히 중등교사)이 폭력을 사용하지 않고 동시에 충분히 유연하게 대처할 수 있게 되기까지, 어쩌면 수백 년 이상이 필요하게 될지도 모른다. 그 기간은 그렇다면 지금처럼 무無통제와 공백의 기간으로 남겨 두어야 할까? 난 그렇게 생각하지 않는다.

'단단한 땅', 또는 '항상 신뢰할 수 있는 한 가지 요소'라는 개념 속에서, 우린 공교육이 추구해야 할 근원적인 무언가를 찾아내야만 한다.

〈그림 17〉김홍도 「서당」

한국의 교육

바람직한 사교육의 선택 조건

경험상 사교육이 효과적인 경우는 지극히 한정되어 있다. 나머지는 부모와 학생의 심리적 안정을 위해, 스스로에게 강제성을 부여하며 '극도의 비효율'을 감당한 것에 불과하다. 물론 '어쩔 수 없는 선택'도 존재한다. 나 역시 '거대한 수레바퀴'에 따라 종합반을 선택하게 되었고, 최근 시나리오 작업 덕분에 찾아뵐 수 있었던 초등학교 때의 담임선생님 역시도 마찬가지였다. 김포에 살고 계시던 한 선생님은, 자녀를 '영어실력(역량)' 향상을 목표로 하는 학원에 보내고 계셨지만, 중학교에 진학한 이후에는 아무리 발품을 팔아 보아도, 근처에 있는 모든 영어학원이 '시험대비용' 학원이었기에 다른 선택지가 없으셨다고 한다. 이 경우는 '시대적 한계'에 해당한다. 어쩌겠는가? 대안이 없다. 학생과 학부모의 수요가 충분히 없는데도 학원이 지속될 수 있을 리는 없다. 그러나 이 역시도, 여전히 사교육이 '효과적'인 경우에 해당하지는 않는다. 효과적이진 않지만, '대안이 없는 경우'이다. 암기를 하는 데에 선생님이 필요한가? 전혀 필요 없다. 보고 그냥 외우면 된다.

사교육은 다음과 같은 경우에 '아주 효과적'이다. 돈이 아깝지 않을 정도로 말이다. 나머지는 모두 돈이 아까운 경우이다. 대안이 없더라도, '절대적으로' 말이다.

첫째, 자녀가 학교 수업을 따라갈 의지가 있으며, 학교 수업에 빠르게 앞서나가거나, 따라가기 버거워하는 경우이다. 전반적으로 평범한 학교 생활을 보인다면, 굳이 사교육에 많은 돈을 낭비할 필요는 없다. 오히려 자녀가 몰두할 수 있는 영역을 찾아보는 편이 현명할 것이다. (쉽진 않겠지만 말이다….) 대부분의 학부모들은 자녀를 서울대에 보내고 싶어 하겠지만, 서울대의 정원은 한정되어 있다. 또한 서울대를 졸업한다고 창창한 미래가 보장되는 것이 아니며, 서울대에 못 들어간다고 암담한 미래가 기다리고 있는 것이 아니다. 다 자기 하기 나름이다. 아마 학력만이 임금을 결정짓는 것처럼 보이는 이유는, 이미 사라져 가고 있는 악습 때문이거나, 역량이 학력과, 어느 정도 양의 상관관계를 보이기 때문일 것이다. 이는 어쩔 수 없다. 그러나 이는 인과관계가 아니라 상관관계 *correlation, not causation*에 불과하다. 우리가 스타벅스*Starbucks* 커피를 흔히 사 마시는 이유는, 경영자의 역량이 탁월했기 때문이지만, 스타벅스를 성공적으로 이끈 하워드 슐츠*Howard Schultz*가 아이비리그를 졸업했기 때문은 아니다.[78]

둘째, 자녀가 배울 의지가 있다면, 특정 영역들은 초기 교육단계에 반드시 사교육 기관 선생님들의 가르침이 필요하다. 이는 앞서 말한 바와 같이, 공교육이 현실적으로 커버해 줄 수 없는 영역에 해당한다. 대표적으로, 예체능과 외국어교육이 이에 해당한다. 해당 영역 입문자의 경우, 사교육 기관은 아주 필수적이고, 시간이 지나고 역량이 쌓인다면, 사교육 기관 의존도는 떨어지게 되며, 그리 되는 것이 바람직하다. 분야는 말해봐야 입 아프다. 영어, 중국어, 일본어, 독일어, 프랑스어 기타 등등과, 태권도, 주짓수, 복싱, 유화, 수채화, 동양화, 피아노, 바이올린, 기타 등등이다.

영어의 경우 공교육 기관에서도 교육을 제공하긴 하지만, 사회가 원하는 영어교육의 수준이 많이 높기 때문에, 현실적으로 공교육 기관이 영

---

78) 그는 노던미시간대학*Northern Michigan University*을 졸업했다고 한다. 컬리지팩츄얼 *collegefactual*에 따르면, 해당 대학은 미시건의 42개 대학 중 32위에 속하며, 전미 1715개 대학 중 1065위를 기록했다고 한다. (https://www.collegefactual.com/colleges/northern-michigan-university/) 반면 그의 자산은 43억 달러(한화 약 4조 8000억 원)이다. 우리 역시 자본주의 역사가 지속됨에 따라, 과거에 비해 자수성가형 부자들이 빠르게 늘어나고 있다.

어교육을 모두 책임져 줄 수는 없다. 그리고 애초에 외국어는, 교육자의 모국어가 한국인이라면, 슬프지만 근본적인 한계가 다소 존재한다. 물론 대안은 없다. 대한민국의 모든 학교가, 아주 교육을 잘 받은 영어교육학 전공자 미국인 선생님을 데려올 수는 없다. 어설픈 미국인들에게 배우느니 차라리 가르칠 자격과 의지가 있는 한국인에게 배우는 것이 낫다. 파닉스를 가르치는 데에 군이 영어교육학자가 필요하지는 않다.

다른 경우는 떠오르지 않는다. 이론적인 분야들은 학원이 전혀 필요 없으며, 읽을 수 있는 능력과 좋은 책만 있다면, 모두 독학이 가능하다. 영어공부를 할 때도, 기본적인 문법과 어휘, 발음 등을 암기한 이후라면, 언제든지 스스로 공부를 할 수 있다. 예컨대 영어 자료를 읽을 때, 처음 보는 전문용어들은 찾아가며 읽고, 이 이상의 공부를 할 필요는 없다. 다시 등장해도 모르면, 또 찾아보면 된다. 찾아보기가 귀찮아서라도 언젠간 머리로 들어오게 되어 있다. 모든 교육은 이처럼 '자립'을 목표로 해야 한다. (내가 초등학교 때 다니던 영어학원은 이런 방식으로 우리를 가르쳤고, 따라서 과하게 많은 단어를 암기할 필요가 없었다. 이런 방식으로는 '문맥에 적합한 표현'을 이해하기도 쉬워진다.)

난 솔직히 '정상적인 상황'이라면, 아무리 적게 잡아도 한국 사교육 기관의 50%는 존재가치가 없고, 사라져야 마땅한 것이라 생각한다. 이들이 지금도, 또한 앞으로도 당분간 명맥을 유지할 수 있는 유일한 이유는, 개인의 게으름을 통제해 줄 '강제성' 때문이다. 강제성 따위에 매달 수십만 원의 학원비를 내는 것은, 너무나 비효율적이다. 이 경우, 단지 피교육자만 게으름에서 벗어난다면, 매달 수십만 원의 돈을 절약할 수 있을 것이다.[79]

---

79) 앞서 말한 바와 같이, 중학교 이하의 단계에선, 학원 등록을 통해 '강제적으로' 교육을 시키는 것도, 어느 정도 일리 있을지도 모른다.

진로 방황과 진로 교육

나는 앞서 고백한 바와 같이, '진로 방황'을 너무나도 크고, 강하게 겪었다. 그리고 나 못지않게 심한 방황에 휩싸인 대학생들도, 너무 많이 봐왔다. 대부분의 경우, 수도권의 내로라하는 대학교에 다니는 학생들이었다. 이후 이와 같은 방황에서 벗어나며, 난 왜 한국 학생들이 미래에 대해 확신하지 못하고 있는지 알게 되었다.

이는 앞서 이야기한 내용과 이어진다. 가장 큰 이유는 무엇보다 '과잉 보호'이자, '애 취급' 때문이다. 대학교에 입학하기 전, 학생들이 가진 재능과 장래희망 분야에 대한 충분한 탐구가 없었기 때문이다. 물론 한국 학생들에겐 다른 선택지가 존재하지 않는다. 한국 학생들은 진로 탐색 기회 자체를 박탈당해 버렸다. 그렇다고 진로 교육을 국가가 해 주어야 한다는 것은 바보 같은 생각이다. 진로탐색은 학생 개개인에 의해서 이루어져야만 하며, 국가는 이를 보조해 주기만 하면 된다. 본인 안에 있는 재능은, 본인만이 감지할 수 있다. 부모님도 이를 쉽게 알아채지 못한다.

고등학생들이 대학에 입학하게 되면, 선택한 전문분야에 대해 2년에서 4년에 해당하는 적지 않은 시간을 보내야만 한다. 이는 결코 '어느 고등학교를 갈지'와 같은 무게감을 지닌 선택이 아니다. 말 그대로 '어마어마한' 시간이다. 제일 바보 같은 선택은, 대학을 먼저 목표로 삼고 전공을 맞추는 선택이다. 하지만 이는 일반적으로 '가장 현명한 선택'으로 알려져 있다. 일단 들어가서 전과를 하거나 복수전공을 하면, 똑같은 졸업장을 받기 때문이다. 그러나 막상 이와 같은 선택을 하면, 대학에서 큰 방황을 경험하게 된다. 전과를 하기는 생각보다 어렵지, 첫 일 년 꾹 참고 전과를 해도 전과생 과정이 따로 있어서 학점을 채우기 위해 전공을 더 많이 들어야 하지, 복수전공을 선택했더니 전공과목을 거의 두 배로 들어야 해서 부담도 크지, 게다가 수업의 반은 전혀 관심도 없는 분야의 수업을 들어야 하지, 대학교에 들어가면 시간이 많을 줄로만 알았지만 실제로는 수업 따라가기도 벅차지…. 그저 고등학교 삶의 연장이다. 과정을 무시하고 졸업장을 목표로 '치팅'한 학생과 학부모의 말로이다. 철학에 관심도 없으면서 입학 성적이 본인 성적보다 한참 높은 학교의 철학과에 지원하여 합격한, 배부른 돼지의 삶이다.

당연히 정상적인 순서는, 전공을 먼저 고르고 나서 대학을 맞추는 것이다. '무엇을' 배우고 싶은지도 모르는데 '배우기'를 선택하는 것이 말이 되는가? 이러한 선택은, 결과보다는 '삶의 태도'의 문제이다. 이렇게 '타협'하며 지름길을 택하는 태도가 한 번 학생들에게 입력되기 시작하면, 습관화가 되기 쉽고, 일상생활에서 내리는 선택의 질에 악영향을 끼칠 수밖에 없다. '일단 좋은 대학에 가면 어떻게 되겠지'와 같은 마인드는, 따라서 '현명한 선택'이 아니라 '바보 같은 선택'이자, '비겁한 선택'이 될 수 있다. 대학은 이미 진로를 선택한 성인 학생들을 위한 기관이며, 이들을 위해 설계되어 있다. 대학은 인생의 해답을 제공할 이유도, 의무도 없다.

그러나 현실적으로 한국 학생들은 위와 같은 선택을 하게 될 가능성이 매우 높다. 나는 이러한 상황을, 다리 중간에 뚝 떨어져서 오도 가도 못하는 상황으로 비유하곤 하는데, 이때의 학생들의 상황은 다음과도 같은 것이다.

나는 어느새, 성인이 되어 버린 내 모습을 발견한다. 어마어마한 인파 속에 뒤섞여, 나는 혼자 다리를 건너고 있었다. 방금 전까지만 해도 분명히 부모님이 곁에 있었는데, 어디로 가셨는지 알 수 없는 노릇이다. 혼자라는 사실에 덜컥 겁이 든 나는, 두려움을 다스리기 위해 인파를 뚫고, 다리의 가장자리로 향한다. 다행히도 난간을 붙잡는 데는 성공했다. 다리 아래로는, 강물이 세차게 흐르고 있었다. 한편, 다리를 건너는 사람들은 때때로 한심하다는 듯한 시선을 내게 던지며, 무심하게 내 어깨를 치고 지나간다. 이러한 흐름은 너무나도 강력해, 난간을 붙잡고 서 있기조차 힘들다. 이에 따라, 천천히 나도 휩쓸려 가는 것이 느껴진다. 그래도 나는 있는 힘을 다해 버틴다. 그동안 입고 있던 겉옷은 찢어졌고, 이제는 숨을 쉬는 것조차 괴롭다. 그럼에도 발걸음은 여전히 떨어지지 않는다. 이러한 사실은 날 더더욱 괴롭게 만든다. 다리를 마저 건너기는 너무나도 두렵고, 다시 돌아가기는 더더욱 두려워, 오히려 불가능에 가까워 보인다. 난 어떻게 해야 할까. 제발 누가 좀 도와줬으면 한다.

이런 상황이 벌어지는 것은, 사전에 어느 다리를 건널지 세심히 탐구해 보지 않았기 때문이다. 다리 건너의 세상이 나와 맞을지, 다리를 건너는 동안 혹시라도 다리가 무너지지는 않을지 말이다. 이런 상황 속에, 학생들은 혼돈의 세계에 빠진다. 동기가 상실되고 나태함만이 이들을 서서히 잠식해 간다. 남학생들은 특히, 그들에게 진로 선택이 더더욱 중요함에도 불구하고, 이와 같은 상황을 냉정히 판단하지 못하고, 온라인 게임 세상으로 도피하는 모습을 보이곤 한다. 물론 진정으로 즐길 수는 없다. 도피처에서 행복을 찾는 것은 불가능하다. 그냥 관성으로 할 뿐이다.

이런 문제를 더 복잡하고 심각하게 만드는 것은, 학생을 둘러싼 주변 사회의 태도이다. 앞서 언급한 학교와 학과 선택 문제도 마찬가지지만, 대표적으로 '워라밸work-life balance' 같은 표현도 그러하다. 물론 워라밸을 중요하게 생각할 만한 타당한 이유가 있는 사람들이 존재할 것이다. 이 경우엔 전혀 문제가 되지 않는다. 하지만 모두에게 워라벨이 잘 갖추어진 직업을 추천하는 것은, 너무나도 바보 같은 짓이다. 일부 직업들은 워라벨을 반드시 포기해야만 하는데, 이런 직업들은 대체로 생산성이 아주 높다. 생산성이 아주 높다는 이야기는, 내가 속한 사회에서 해당 직업이 가지는 의미가 크다는 뜻이며, 이런 의미는 '삶의 질'에 큰 영향을 준다. 즉, 반드시 '워라벨'이 잘 갖추어진 직업을 선택해야만 '삶의 질'이 높아지는 것은 아니라는 이야기이다. 본질적으로 '일'은 '삶'과 분리할 수 없는 것이고, 따라서 '일-삶 균형'이 중요한 것이 아니라, 그냥 내 '삶'이 중요한 것을 알아야 한다. 그리고 '일'은, 원하든 원치 않든, 그리고 일을 하고 있든 하고 있지 않든, '삶'에서 많은 부분을 차지한다.

그렇다면 이제 '어떻게'의 문제가 등장한다. 어떻게 '이미 건넌 다리' 문제를 해결하고, 일에 대한 확신을 어떻게 가질 것인가? 혹시라도 이와 같은 상황에 빠진 젊은 독자들에게, 내가 적용한 방식이자 추천하는 방식은 다음과 같다.

첫째, 방학 또는 휴학을 이용해, '잠시 다리에서 돌아온다.' 첫 번째 출발이니만큼, 이에는 적지 않은 용기가 필요하다.

둘째, 내 머릿속 '희망 진로'의 우선순위를 확고하게 세워 본다. 내 경우, '1. 예술가, 2. 사업가, 3. 정치인 or 학자'였다. 이런 고민을 해야 하는 처지에 있는 학생은, 얼추 본인이 가진 재능과 조금이라도 연결되는 우선순위를 세울 수 있을 만큼 나이가 있을 것이다. (예컨대, 음악적 재능이 전혀 없음에도 음악가가 되고자 하는, 허무맹랑한 꿈은 꾸지 않을 만큼 성숙했을 것이다.)

셋째, 가장 높은 우선순위에 있는 진로부터, 탐구 계획을 세운다. 탐구 방법은 위험부담을 최소화하는 것부터 시작한다. 앞서 언급했듯이, 제일 좋은 방식은 '독서'다. 이때, '독서'는 '취미로서의 독서'가 아니다. 대신, '직업으로서의 독서'이며, 이는 진정한 의미의 '공부'다. 이런 '공부'의 경험은 우리에게 '시간의 소중함'을 깨우쳐 줄 것이고, '영구적인 역량 향상'을 약속하며, 해당 직업을 택함으로서 생기는 '의미'를 심어 준다. 따라서 이런 행위에, 그만큼의 무게감을 느껴야 한다.

가장 먼저 읽어야 할 책은, 희망 분야의 대가들이 쓴 '바이블'들이다. 그들은 '다리 건너의 세상'에 대해 누구보다 잘 알고 있고, 수십 년 또는 수백 년, 심지어는 수천 년에 이르기까지 그 '공신력'을 인정받은 사람들이다. '거인'들이, 자신들이 정통한 분야에서, 우리들의 인생 이상의 기간을 쏟으며 얻은 노하우를, 그들이 쓴 책을 통해 상당 부분 배울 수 있다. 물론 이를 얻기 위해 '책보다 좋은 방법'이 있다면 그것을 택하면 되지만, 경험상 존재하지 않는다. 이와 같은 탐구과정에서, '의미'가 생겨난다. 글을 읽을 수 있는 능력이 있는데도, 이런 기회를 놓치고 바로 '높은 수준의 위험'을 부담하고자 하는 것은, 나태함과 무모함이다. 앞서 언급한 바와 같이 나는, '훌륭한 작곡가'가 되고 싶었다. 하지만, 작곡 학원에 부모님이 피땀 흘려 번 돈 삼십만 원을 매달 쓰면서도, 현대에 사용하는 '12음 기법'의 창시자인, 아놀드 쇤베르그의 책은, 한 번도 읽어 볼 생각을 하지 못했다. 우리는 한 달 학원비로, 이와 같은 바이블 다섯 권 이상은 살 수 있을 것이다. 시중에서 구할 수 있는 바이블을 모두 읽는 데는 생각보다 오랜 시간이 걸리지 않는다. 애초에 '대가'들이 많지 않기 때문이다. 우리는 이 '바이블'들을 모두 읽고 나서야, 더 크고 다양한 위험부담을 할 준비가 되어 있을 것이다.

이때, '배수의 진'을 치는 것이 중요하다. 한 치의 의심도 없을 만큼 진로에 대한 확신이 생기지 않으면, 이 탐구를 멈추지 않겠다는 마음가짐을 가지고, '강도'와 '기간'을 설정한다. 물론 우리는 미래를 예측할 수 없기에, 아주 명확히 설정할 수는 없을 것이다. 하지만 '충분히' 설정해야 한다. 예컨대 책이라면 경험상, 한 번에 두 시간 이상은 읽어야 한다. 주말이어도 좋고 방학 동안이어도 좋다. 대신 꾸준히 읽어야 한다. '절실함'에서 출발한 이와 같은 탐구는 '높은 효율'을 보장하기에, 절대로 과하게 오랫동안 질질 끌리지 않는다.

　물론 흔하진 않겠지만, 상황에 따라 '현장 체험 경험'이 중요한 직종에 종사하고 싶을 수도 있다. 이 경우, 독서의 비율을 자율적으로 낮출 수 있고, 때로는 독서를 뛰어넘을 수도 있을 테지만, 어쨌든 장기적인 비전을 바탕으로 건설적인 계획을 세워 보는 경험은, 늘 본인 스스로에게 득이 될 것이다. (일반적으로 이러한 직종은, 운동선수나 가업과 관련된, 어릴 때부터 해당 분야에 '올 인' 해 온 사람들이 걷는 직종일 것이다. 하지만 이들에게는 진로 선택권이 없기에, 이들은 진로 방황을 하지 않는다.) 예컨대 요리사만 보더라도, 독서에 비해 현장 경험이 압도적으로 중요하겠지만, 음식에 대한 지식을 꾸준히 머릿속에 채워 넣는 것은, 역량 향상과 동기 부여 측면에서, 반드시 큰 도움이 될 것이다. (이는 앞서 말한 대로, 아마 우리가 대뇌 피질에 저장된 정보들을 연결함으로서 사고하기 때문일 것이다.) 더 단순히 말해, '배경지식 없이 출발하는 것보단, 배경지식을 갖고 출발하는 것이 좋다.' 특히 20대 초반이라면, 대학을 다니고 있든 다니고 있지 않든, '진로 탐구'를 하기에, 너무나 좋은 시기와 상황이 아닐 수 없다. 이는 '나태함', 그리고 '진로 방황'과의 전쟁에서, '대승'을 거둘 수 있는, 아주 좋은 해결 방안이다.

　결국, '진로 교육'은, 스스로가 스스로에게 해야만 하는 것이다. 내 인생은, 부모님을 포함해, 궁극적으로는 아무도 책임져주지 못한다. 나를 제외하고는 말이다. 공교육의 난이도가 하락해 공교육에 쏟아붓는 시간이 줄어들게 된다면, 자연스레 개인 시간이 보장된다. 학생들은 이때를 활용해 진로탐색 기회를 가질 수 있다. 물론 모두가 이를 효율적으로 사용하지는 않을 것이다. 하지만 이는 개인의 선택이기에, 개인이 책임질 것이다.

대다수의 개인들이 이를 비효율적으로 낭비한다고 하더라도, 대학에 입학하기 전에 기회조차 주어지지도 않는 것보다는, 원칙적으로 훨씬 낫다. 미국의 경우 '갭이어*gap year*'가 있어, 입학 직전에 일 년간 학생들이 자유롭게 시간을 보낼 수 있는데, 이 역시 고려 가능한 좋은 방안이다.

—

PC주의와 교육

요상하게도, PC주의(Political Correctness; 정치적 올바름)는 자꾸 교육의 영역을 넘보려 한다. 이유는 명확히 알 수 없지만, 아마 계몽주의적 *enlightenment*[80] 공통점이 있기 때문일 것이다. 차이점이 있다면, 교육은 사실*facts*들을 기반으로 하고, PC주의는 사실을 기반으로 하지 않고 있다는 점이다. 즉, PC주의는 정치적으로 극도로 편향된 극히 일부의 의견으로 치부되고 무시되어야 마땅하다. 이러한 이념을 믿는 것은, 본인에게도, 사회에게도, 일반적으로 '유해'하다. 근거 없는 나르시시즘을 바탕으

---

[80] 시나리오 작법의 정전 『STORY』의 저자 로버트 맥키*Robert Mckee* 교수는, 이야기를 쓸 때 '계몽주의'를 조심하라고 했다. 그에 따르면, '계몽주의란, 예술은 사회의 암을 수술해 내는 메스로 사용될 수 있다고 믿는 천진한 낙관주의의 산물이다.' 로버트 맥키, 『시나리오 어떻게 쓸 것인가*STORY*』, 민음인, p189.

로, 그간 쌓아 온 세대 간의 신뢰관계를 모두 깨 버리기 때문이다. 세대 간의 신뢰가 깨지면, 문화는 발전하지 못함을 넘어, 쇠퇴한다. PC주의와 관련된 논란은 특히 미국에서 인종과 관련해 아주 심각하지만, 한국에선 다행히 성별로 국한되어 있다.

 내가 이러한 이념에 대해 유독 강한 비판조로 이야기하는 이유는, 나 역시 시나리오 작업을 본격적으로 시작하기 전, 이러한 이념의 지지자 중 하나였기 때문이다. 시나리오에선 우연히도 내 마음에 들었던 배우가 여성이었기 때문에, 작품의 주인공과 주요 조연들은, 대부분 여성이었다. 당시 국내에선 여러 사건들이 일어나면서 성별과 관련된 갈등이 극도로 치달았었다. 제헌헌법부터 남녀에게 동일한 투표권이 부여되었던 대한민국에선 여성 참정권 문제가 발생할 이유가 없었기에, 페미니즘 *feminism*(여성주의. 여성 참정권의 문제가 있었던 서구에서, 여성의 권리를 상승시킴을 통해 남녀평등*gender equality*을 추구하고자 했다.)부터 시작해 PC주의와 같은 생소한 단어들이 한국에 소개되었다. 이에 나 역시 신경 쓰지 않을 수 없었다. '여성'과 '학생'이 필수적으로 등장하는 내 작품은, 해당 이념들과 아주 가까운 영역에 있었다. 다행히도 나는, 내 작품이 이념을 초과해야 한다고 생각했다. 나는 내 예술 인생에서, '모래사장에 글을 남기는 행위'는 너무나 피하고 싶었다. 따라서 이에 대해 불가피하게 공부할 수밖에 없었다. 이념 위에 올라서려면, 이념을 충분히 아는 수밖에 없었다.

 국내의 PC주의자들(흔히 극단적 페미니스트*radical feminist*로 분류된다.)은, 기본적으로 이와 같은 믿음을 기반으로 이념의 세계를 구축하고 있다. '남녀는 똑같다. 따라서 남자와 여자가 만들어 내는 결과물도 같아야만 한다.'

물론 이는 근본적으로 잘못되었다. 남녀는 다르기 때문이다. 이는 사실, '결과의 평등'과 '기회의 평등'을 구별하지 못해 생기는 논리적 비약이기도 하다. 예컨대 '남녀는 다르지만, 같은 권리를 부여받아야 마땅하다.'라는 주장은, 누구에게나 받아들여질 수 있는 주장일 것이다. 아마 우리는 여기서의 '권리'를, '법적 권리'에 가깝게 받아들일 것이다. 그러나 '권리'라는 용어의 개념을 불필요하게 비일상적인 범위까지 확장하여, '구매력'이나 '소비력'으로 연결 짓게 된다면, 남녀 간 '불평등'한 임금격차 따위가 눈에 들어오게 된다.[81] 물론 이때 사용된 '평등'의 개념은, '결과의 평등'이다. 즉, '기회의 평등'이 주어져 있다고 해도, 남녀 간의 성적 이형성 *sexual dimorphism*[82]에 의해 결과가 다르게 나온다면, 그들에겐 이 역시 수정되어야 마땅한 것이다. 물론 이는 '비난'이다. '대안'이 없기 때문이다. '결과의 평등'은 사회주의가 추구하던 것이며, 사회주의는 여러 가지 이유로 몰락했다.

나는 전 원고 「방황과 교육」에서, PC주의를 '정치적 방황'으로 간주해 최대한 자세히 다루고자 했지만, 여기선 이를 최대한 포기했기에, 긴 근거를 대지는 않을 것이다. 하지만 이왕 언급한 김에, '임금격차' 문제만 간단히 다뤄 보자. 남녀 간의 임금격차는 왜 생기는 것일까? 굳이 PC주의에 관심이 없어도 궁금한 분들이 많을 것이고, 나 역시 그리했다.

미국 경제학 저널*American Economic Journal*에는, 시카고 대학*University of Chicago* 부스 경영대학원*Booth School of Business*의 졸업생들을 상대로, 성

---

81) 자세히 다루진 못했지만, 사실 남성의 임금이 여성임금에 비해 높음에도 불구하고, 구매의 사결정의 80%는 여성에 의해 일어난다. Stefanie Heinzle, Josef Kanzig, Julia Nentwich, Ursula Offenberger, 「Moving beyond gender differences in research on sustainable consumption」, University of St. Gallen, 2010. 해당 부분은 Barletta, 2003; Griffin, 2006; Kelan, 2008; Pettigrew, 2000을 참조했다.

82) 같은 종이지만, 다른 성을 가졌다면 생기는, 행동이나 생물학적 차이.

별 간 임금격차를 유발하는 다양한 요인들에 대한 추적연구가 발표되었다.[83] 이에 따르면, MBA 졸업 직후 거의 동일했던 남녀의 임금이, 시간이 지날수록 점점 격차가 벌어졌고, 졸업 이후 9년 차에, 일을 하고 있지 않은 여성의 비율은 13%로, 남성의 1%와 큰 격차가 생겼다. 무엇보다 가장 중요한 것은, 왜 여성들이 남성들에 비해 '덜 버는지'였는데, 격차의 84%는 다음 세 가지 이유로 설명이 가능했다. 첫째, 남성들은 여성들에 비해 더 많은 금융 수업을 들었고, 더 높은 학점을 받았다. 둘째, 여성들의 경우, 졸업 이후 10년 동안 '적어도 한 번의 경력 단절'을 경험할 확률이, 남성들에 비해 22% 높았다. 셋째, 남성들은 여성들에 비해, 주당 더 많은 시간을 근로에 활용했다.

특히 '자녀의 존재 여부'는, 여성들의 '더 적은 직무 경험'에, 큰 원인이 되었다. 자녀가 있을 시, 여성들은 남성들에 비해 직무경험이 8개월(졸업 이후 15년 기준) 적었던 것에 비해, 자녀가 없는 여성들은 1.5개월만이 적었을 뿐이다. 또한, 아이가 있는 여성은 일반 남성들에 비해 주당 근로시간이 24% 적었고, 아이가 없는 여성은 3.3% 적었다. 이들은 적극적으로, '가족 친화적'인 직무를 택하는 한편, 많은 시간을 일하며 진급 가능성이 높은 직무를 회피했다. 높은 임금을 받는 배우자를 둔 'MBA 보유 엄마들'은, 그렇지 않은 경우에 비해, 더더욱 이러한 경향성이 강했다.

물론 연구는 늘 완벽할 수 없고, 이를 해석하는 것도 사람 나름이겠지만, 대부분의 경제학자들은 다음과 같은 다소 부정적인 결론에 의견을 같이한다. '근로자 집단 간의 임금격차는 부분적으로 인적자본과 보상적 임금격차에 따른 것이기 때문에, 근로자 집단 간에 평균임금의 차이가

---

83) Marianne Bertrand, Claudia Goldin, Lawrence F.Katz, 「Dynamics of the Gender Gap for Young Professionals in the Financial and Corporate Sectors」, American Economic Journal, July 2010.

존재한다는 사실만으로는 노동시장에 차별이 있다고 말할 수 없다.'라고 말이다.[84]

만약 남성에게 여성보다 직장에서 일을 열심히 할 만한 사회적, 생물학적 이유가 있다면, 남녀 간의 임금격차는 이해할 만할 것일 테다. 예컨대 문화권에 상관없이, 여성이 남성을 배우자로 고를 때, 임금이 본인보다 같거나 높으며, 나이는 4~5살 연상의 남성을 선택하거나,[85] 남성이 본능적으로 여성에 비해, '일대일 관계'보다, '더 큰 그룹과의 경쟁'에 관심을 보인다면[86] 말이다. 예상하셨겠지만 이는 진실이다. (실제로 남녀평등지수가 높은 국가로 갈수록, 남녀의 직업 선택 격차 역시도 커진다고 한다.[87] 특히 간호사와 엔지니어 같은 직군에서 말이다. 만약 인위적으로 이 비율을 1:1로 맞추고자 한다면, 역량미달의 지원자들이 대거 합격할 테고, 초등교사와 같은 다분히 교육적이며 여성 비율이 압도적인 직업 역시, 마찬가지일 것이다.) 성별 간 직업선택과 임금격차 문제는 여기까지만 하자. 관련 주제에 대해 추가적인 관심이 있으시다면, 책 후반부의 참고자료들을 확인하시길 바란다.[88]

결과적으로 말하고 싶은 것은 다음과 같다. '여자와 남자는 다르다.' 성

---

84) 그레고리 멘큐*N.Gregory Mankiw*, 김경환·김종석 옮김, 『멘큐의 경제학*Principles of Economics*』, Cengage Learning, 2018, p465~467.

85) https://www.youtube.com/watch?v=7STtjfoWz38

86) John Cloud, 「Why Girls Have BFFs and Boys Hang Out in Packs」, TIME, 2009. 7. 17.

87) https://www.youtube.com/watch?v=d7uZOAzVRgU

88) 물론 융*C.G.Jung*이 이야기한 대로, '전체는 일부에 대해 아무런 의미가 없고, 일부는 전체에 대해 아무런 의미가 없다.' 즉, 어떠한 경향성이 존재한다고 해서, 한 명의 개인이 반드시 그 경향성을 띠어야 한다는 것이 아니며, 개인이 띠고 있는 경향성을 바탕으로 개인이 속해 있는 집단을 일반화하는 오류를 범해선 안 된다. 사회에는 대다수의 남성들보다 업무동기가 강하고, 근로시간이 길며, 고임금을 받는 여성들이 넘치도록 존재하지만, 거시적인 차원에서 봤을 때, 많은 남성들이 많은 여성들보다 업무동기가 강하고, 근로시간이 길며, 높은 임금을 받는 경향성이 실존한다는 사실은, 크게 이해하지 못할 만한 것이 아니다. 사회경험이 풍부한 기성세대들은 경험적으로 이런 진실을 알고 있었고, 성별 간의 임금격차에 큰 문제제기를 하지 않아 왔다.

철스님의 유명한 말씀 중에, '산은 산이요, 물은 물이로다.'라는 표현이 있다. 이는 700년 전 중국의 '금강경오가해金剛經五家解'라는 책에서 나온 말로, '산은 산이고 물은 물인데 부처님이 어디에 계신단 말인가'라는 어보 스님의 시구에서 성철 스님이 인용한 말이라고 한다.[89]

사람은 세 단계 발전과정에 따라 인식을 성장시킨다. 첫 번째는, '감각적 인식'이다. 한눈에 봤을 때, '산'과 '물'은 다르다. 어릴 때의 나 역시도 마찬가지였다. '남자'와 '여자'는 다르다는 사실을, 감각기관을 통해 일차원적으로 알고 있었다. 그 다음은, 부처님을 만나, '산'이 '산'이 아니게 되고, '물'은 '물'이 아니게 된다. 내가 PC주의에 이끌렸을 때, '남자'와 '여자'는, 같은 '인간'이기에, 같아 보였다. '남자'가 '여자'가 되었고, '여자'가 '남자'가 되었다. 마지막 단계는, '산'이 다시 '산'이 되고, '물'이 도로 '물'이 되는, '전도된 가치체계'가 제자리를 찾는 단계다. 난 우리가 해당 주제에 대한 '인지 왜곡'에서 탈출하려면, '성별 간 차이'에 대한 인식을, 이 '마지막 단계'에 이르게끔 해야 한다고 생각한다. 즉, 남자와 여자는 공통점도 있지만, '결국 무언가 다르다.' 성철 스님의 표현을 감히 활용하자면, '남자는 남자요, 여자는 여자다.'

PC주의는 남녀 간의 '차이'를 '차별'로 규정하고, 이를 해소하고자 노력한다. 게다가 이를 지지하는 정치인들과 네티즌들은, 그 영향력을 교육에까지 뻗치려고 한다. 국내의 성별갈등보다 훨씬 강한 수준의 인종·성별갈등은, 미국 대학가에서 주로 퍼지기 시작한다. 왜일까? 학생들이 '계몽'시키기 좋은 대상이기 때문이다. 물론 그들 입장에선, 이들을 '교육'시키기 위해 노력하는 것이다. 물론 마치 과거의 나처럼, 이에 악의적인 의도가 있을 것이라 생각하지는 않는다.

---

89) 김회룡, 「[마음 산책] '산은 산이요 물은 물이로다'」, 『중앙일보』, 2010. 2. 27.

그러나 PC주의는 근거가 빈약하다. 빈약할 뿐 아니라, 대부분 오류가 있다. 다만 반박에 불필요하게 큰 노력이 들기에, 일반적으로 하지 않을 뿐이다. 이런 무책임한 주장에, 대다수의 대중들은 본인이 정치편향적인 사람이 아님을 어필하기 위해, 의견을 '고려하는 척'을 해 주어야 한다. 정말 민폐도 이런 민폐가 없다. (반면 정치인들에게 이 효과는, 놀라울 정도로 크다.)

극단적인 지지자들은, 흔히 '미세공격*microagression*'이라는 표현을 사용하며, '소수자'들이 '불편하지 않을 권리'를 주장하지만, 한편 그들이 다수를 상대로 '불편하게' 만들고 있다는 사실은 인지하지 못하고 있다. (일부는 그녀*she*나 그*he*라는 표현 대신, 성적으로 중립적인 표현*zhe*을, 우리 모두가 써야 한다고 주장한다!) 물론 인간에겐 '불편하지 않을 권리'가 없다. 상대방을 불필요하게 불편하게 만들지 않을, '배려'만 있을 뿐이다. ('배려'는, 스스로 약간의 '불편함'을 감당한 것이다.) '불편하지 않을 권리'에 대한 인정은, 과한 나르시시즘이다.

'불편하지 않을 권리'를 인정하면, '표현의 자유'가 위축된다. 이는 예술 계열에 특히 직격타다. 모 웹툰 작가와 웹툰 협회를 둘러싼 일도, 전 기상캐스터 출신의 정부 유튜브 채널 '성희롱' 논란도, 모두 이런 '거대한 수레바퀴' 속에서 개인이 불필요한 피해를 감당해야만 했다고, 나는 생각한다. 이는 근거 없는 사실을 바탕으로 한 이념만을 믿고, '문화 강국'으로서의 밥줄을, 대한민국 국민들이 스스로 끊는 셈이다.

조너선 하이트에 따르면, '정치적 양극화' 사이클은, 다음과 같은 순서를 따른다. 미국의 경우, 대학가를 중심으로 인종에 대한 논란이 주를 이루고 있다는 점을 고려해 주시길 바란다. 한국의 경우, 온라인 커뮤니티나 SNS를 중심으로 성별에 대한 논란이 주를 이루지만, 그 정도는 미국에 비해 다소 약하다. (그나마 다행인 일이다.)

1. 좌파 교수가 트위터, 페이스북, 연설, 미디어 인터뷰에서, 보통 인종에 대해, 무언가 도발적인 발언을 한다.
2. 우파 미디어에서, 분노가 최대한 유발될 수 있도록 설계하여, 이야기를 선별하고 보도한다. 때때로 문맥을 왜곡하거나 무시한다.
3. 이를 본 시청자들은 분노한다; 일부는 인종차별주의적이고 성차별주의적인, 그리고 강간 협박과 살해 협박을 포함한 소셜 미디어 포스팅을 올린다; 많은 이들이 대학이 해당 교수를 해고해야 한다고 말한다.
4. 대학의 총장과 다른 임원들이 '공공관계 위기'에 마비된다; 그들은, 특히 종신 재직권이 없는 교수라면, 교수를 옹호하기 위해 아무것도 하지 않으며, 때로는 교수를 빠르게 비난하며 교수를 내보내기 위한 절차를 밟기 위해 휴가를 보내기도 한다.
5. 이야기를 들은 좌파와 우파 모두, 상대측에 대한 혐오감정을 확신한다. 각 편은 상대편이 인종차별주의적이고, 폭력적이고, 지적 파산상태라는 더 큰 확신이 생긴다…. 즉, 상대편에 의해 촉발된 폭력 행위에, 우리는 더더욱 방심하지 않고 있어야 한다는 뜻이다.
6. 점점 더 큰 열정, 화, 피해의식을 느끼며, 이것이 끝없이 반복된다.[90]

앞서 언급한 사례에서, 전자의 경우 웹툰 협회가 다행히 현명한 판단을 내려 웹툰 작가를 보호했지만, 후자의 경우인 정부 유튜브 채널은 그렇지 않아, 4단계에서 '악순환의 고리'를 미처 끊지 못했다. (그럼에도 불구하고, 전자의 경우에 해당하는 유명 웹툰 작가는, 은퇴를 고려 중이라고 이야기했다.)

---

90)   Jonathan Haidt, 「Professors Must Now Fear Intimadation From Both Sides」, 2017. 6. 28.

노파심에 다시 말하지만, 나는 PC주의의 지지자들이 악의적인 의도가 있다고 생각하지 않으며, 아마 실제로 그럴 것이라 본다. (심지어는 차별 역시 미시적인 차원에서 실존할 것이라 생각한다.) 하지만 가장 안타까운 일들은 늘상, '악'의 존재가 없음에도 불구하고 일어나는 비극이다. 영화「기생충」처럼 말이다. 이로 인한 결과물에는, 누구도 책임지지 않는다.

내가 좋아하는 유튜버들은 성별을 둘러싼 논쟁 속에서 무고하게 피해를 당해, 채널 운영을 잠시 쉬거나, 정리하거나, 매일매일 골머리를 썩고 있다. 그뿐인가? 한국 코미디의 발전 역시 현재 멈춰져 있다. 슬랩스틱 코미디 위주의 지상파 코미디 프로그램들이 모두 종영했음에도, 다음 단계인 스탠드업 코미디 프로그램은, 등장하지 못하고 있다. 이들은 대부분 수위가 높고, 여러 가지 언급되지 않은 '전제들'이 있는, 고차원의 예술이기 때문이다. 이 '전제들'을 파악하지 못한 일부 네티즌들은, 아주 잘 짜여진 예술인 스탠드업 코미디를 불편해할 것이 뻔하다. 물론 코미디를 통해 카타르시스를 느끼고 싶은 인간의 욕구는, 항존한다. 아마 방송인들이 이와 같은 사회적 상황에서 밥줄을 뺏기지 않으려면, 당분간 발언을 극도로 조심해야만 할 것이다. 이 기간이 길어질수록, 자연스레 문화 발전은 늦춰질 것이다.

사실을 기반으로 한 비판적 사고는 학생들에게 가르쳐야 마땅하다. 그래서 더더욱 PC주의는, 교육에 들어서면 안 된다. 아마 '비판적 사고'의 대척점에 있는 단 하나의 존재가 있다면, 이는 PC주의와 가까운 모습일 것이다.

유시민 작가의 표현을 빌리자면, 멀리서 쏜 화살은 내게 닿지 않는다. 따라서 우리는, 보통 가까운 사람들에게서 상처를 받게 된다. 나는 여기에 이런 말을 추가하고 싶다. 혹시 멀리서 쏜 화살이 내게 닿았다면, 거리가 멀어 바닥에 떨어진 화살을 군이 주워 들어, 나를 포함한 누군가의 가슴팍에 꽂지 않았는지, 확인해 보라고 말이다. 내가 보기에 PC주의는, 꼭 이런 꼴이다. PC주의의 세상은, 피해자와 가해자로만 이루어져 있다. 물론 세상은 그렇지 않다. 이런 '왜곡된 인지'는 우울증의 원인[91]이 되기에, 아마 이런 주장의 신봉자라면, 우울증을 경험하고 있을 가능성이 높을 것이다. (경험상 이야기하는 말이다.)

인생이 복잡하고 힘들며 괴로운 이유는, 악한 의도를 가진 사회나 타인들 때문이 아니다. 그냥 원래 그런 거다. 앞서 언급한 세로토닌과 옥토파민을 생각해 보라. 특히 나이가 어리다는 것은, 경험이 부족하고 돈이 부족하고 지식과 지혜가 부족하다는 뜻이다. 이는 다양한 위계질서에서 젊은이들이 주로 아래에 위치해 있다는 것을 의미한다. 모든 방향에서의 결핍은 당연히 삶의 고통을 불러온다. '아프니까 청춘이다'라는 말은 따라서 완벽한 진실이다. 심지어는 부자 부모를 둔 자녀의 삶이 그렇지 않은 대다수의 삶보다 덜 고통스러우라는 법도 없다. 이미 대중화된 연구 결과이지만, 먹고 사는 데에 큰 지장이 없는 수준만 된다면, 경제적인 지표는 절대로 우리 삶의 질을 결정하지 않는다. 그만큼 삶과 사회는 놀라우리만치 복잡하다. 지극히 단순화된 계층 논리만으로는, 우리 삶을 절대로 충분히 설명할 수 없다.

어쨌든 나는 PC주의가 교육계에 직접적으로 영향을 끼치기 시작한다면, 학생들에게 역시 앞서 언급한 부정적인 결과가 일어날 것이라 확신한다. 따라서 이는 반드시 스스로에 의해, 우리 사회에 의해 사전에 차단

---

91) 해당 분야의 거장인 애론 백*Aaron Beck*과 데이비드 번스*David Burns*가 제시한 리스트를 참고하시라. (https://terms.naver.com/entry.nhn?docId=5676475&cid=62841&categoryId=62841), (https://positivepsychology.com/cognitive-distortions/)

되어야 한다. 예체능계 학생들의 밥줄을 끊고, 많은 학생들을 우울증의 늪으로 끌어들이고 싶지 않다면 말이다.

스스로나 타인을 향한 과잉보호는 사회에게도 해가 되지만, 무엇보다 그들 자신에게 해가 된다.[92]

—

최고의 교육

최근 경영학에서는 학생들에게 '기업가정신*entrepreneurship*'을 교육하고자 하는 흐름이 강하다. 기업가정신이란, '밑바닥부터 시작해 성공한 기업을 이룬 창업주들이 공통적으로 가지고 있는 태도'를 넓게 지칭하는 것이다. 예컨대 다음과 같은 것이다.

> 기적은 없다. 다만 성실하고 지혜로운 노동이 있을 뿐이다.
>
> — 고故 정주영 회장(현대그룹 창업자)

이는 내 카카오톡 프로필 대화명을 장식하고 있는 문구이며, 사진에는 워렌 버핏과 빌 게이츠가 어깨동무를 하고 서 있다. '기업가 정신'은, 비단 기업가들에게서만 발견되는 태도가 아니다. 내가 좋아하는 에미넴 *Eminem*의 「Lose Yourself」라는 곡에도, 다음과 같은 가사가 등장한다.

---

92) 불교의 반야심경은 이 같은 삶의 자세를 지적하고 있다. 종교는 이처럼 인간으로서 겪는 불필요한 방황들에 대해 적절한 삶의 태도를 세울 수 있도록, 더없이 지혜로운 해결책을 제시해 왔으며, 이는 인류 문화가 신뢰 속에서 발전할 수 있도록 훌륭한 토대를 제공해 왔다. 철학자 도올 김용옥은 반야심경의 내용을 다음처럼 일축했다. '나는 좆도 아니다.' 도올 김용옥, 『스무살, 반야심경에 미치다』, 통나무, 213p.

All the pain inside amplified by the

모든 고통은 증폭되어 가.

Fact that I can't get by with my nine to

월급쟁이 인생으로 연명할 수는 없다는 사실에 의해 말이야.

Five and I can't provide the right type of

내 가족에게 적절한 삶을 제공해 줄 수 없다는 사실에 의해 말이야.

Life for my family 'cause man, these goddamn food stamps don't buy diapers

알잖아, 이 개 같은 식권으로는 기저귀도 살 수 없기 때문이지.

And its no movie, there's no Mekhi Phifer

영화 같은 삶은 없어, 매카이 파이퍼(영화 속 등장인물)는 없어.

This is my life and these times are so hard

이게 내 인생이고 이 시간은 너무 날 힘들게 하지.

And it's getting even harder tryna feed and water my seed, plus

그리고 자식들 먹여 살리느라 더 힘들어지고 있어, 게다가

Teeter totter, caught up between bein' a father and a prima donna

시소를 타지, 아빠와 프리마돈나 사이에서 말이야.

Baby mama drama, screamin' on her, too much

불평만 해 대는 애 엄마, 그녀에게 소리를 질러.

For me to wanna stay in one spot, another day of monotony's

한곳에 머물러 있는 건 내게 너무 과한 요구지.

Gotten me to the point, I'm like a snail I've got

단조로운 하루하루가 날 이렇게 만들었어, 난 달팽이 같지.

To formulate a plot or end up in jail or shot

난 계획을 세워야겠어, 그렇지 않으면 감옥에서 죽거나 총 맞아 죽을 거야.

Success is my only motherfuckin' option, failure's not

성공은 내 유일한 선택지야, 실패는 선택지에 없어.

Mom, I love you, but this trailer's got to go, I cannot grow old in Salem's Lot

엄마, 난 엄마를 사랑하지만, 이 트레일러는 떠나야만 해, 빈민촌에서 늙어 갈 순 없어.

So here I go, it's my shot

내 모든 것을 걸고 시도한다.

Feet, fail me not, this may be the only opportunity that I got

날 실망시키지 마라, 내 발아. 내가 가진 유일한 기회일지도 모르니.[93]

- 에미넴*Eminem*, 「Lose Yourself」中

우리 모두 처음에는 '평범한 인간'에 불과하기 때문에, 경제적으로도 (부모가 부자여도 이는 자식의 돈과 다르기에 마찬가지이다), 사회적으로도, 충분한 역량 없이 출발하게 된다. 이는 누구나 마찬가지이다. 여러 가지 '결핍'을 떠안은 상태로 꿈을 향해 진전하는 것은, 생각보다 많은 힘이 든다.

하지만 '기업가정신'을 가지고 살아가는 사람은, 포기하지 않는다. 실패는 이런 정신을, 절대로 멈추게 할 수 없다. 이 과정에서 그들은 많은 실패를 경험하지만, '작은 성공'이 하나둘 쌓여 가며, 진한 즐거움과 기쁨을 얻는다. 이것을 우리는 '행복'이라고 칭해도 좋을 것이다. (따라서 '행복'은, 추구한다고 달성할 수 있는 것이 아니기에, '추구할 가치가 없는' 존재이다.) 동시에 여러 가지 현실적인 '지혜'가 쌓이고, 진정한 의미에서 '성장한다'.

어떤 의미에서 우리는, '우리 삶을 경영하는 기업가'이다. 이러한 정신을 보면, 우리가 자연스레 본받고자 하며, 기업가정신을 최근 대학에서도 가르치고 있다는 점은, 자연스레 한 가지 결론을 낳는다.

---

93) Eminem, 「8 Mile : Music from and Inspired by the Motion Picture」, 54 Sound Studio, 2002.

그 무엇보다, '가장 최고의 교육'은, 나 스스로가 '본받을 만한 사람'이 되는 것이라는 점이다.[94] 이때 타인들은, 나의 모습을 보고 영감을 얻을 것이며, 동기 부여를 받을 것이다. 이런 자극들이 쌓여, 어쩌면 그들은 실질적인 행동을 계획하게 될지도 모른다.

내가 장래희망을 바꾸게 된 데에는, 무엇보다 '예술에 대한 환상'에서 깨어났기 때문이기도 하지만, 빌 게이츠 마이크로소프트*Microsoft* 전 창업자의 행보 때문이기도 하다. 그는 많은 대중들에게 과거 '자본주의의 악마'로 불렸음에도, 지금은 세계에서 가장 효율적인 자선사업 재단, '빌 앤 멜린다 게이츠 재단*Bill & Melinda Gates Foundation*'을 운영하고 있다.

이러한 모습을 보고, 내겐 9년간 지속시켜 오던 예술가의 꿈을 중단할 만한, 더 큰 꿈이 생겼다. 역량을 충분히 개발시켜 '막대한 부'를 축적해, 나를 포함한 미래의 부자들이 '검이불루 화이불치儉而不陋 華而不侈(검소하지만 누추하지 않고 화려하지만 사치스럽지 않다.)'하게 생을 마감할 수 있도록, 자선사업 재단을 설립하는 것이다. 그와 같은 사람들을 통해, 뒤늦게, 돈을 왜 많이 벌어야 하는지 난 깨닫게 되었고, 어떻게 써야 하는지도 막연하게나마 알게 되었다.[95]

---

94) 비슷한 맥락에서 버크셔 헤서웨이*Birkshire Hathaway* 회장, '오마하의 현인*the Oracle of Omaha*' 워렌 버핏 역시, 다음과 같은 이야기를 한 적이 있다. '훌륭한 사업 파트너를 구하는 비법은, (스스로가) 훌륭한 사업 파트너가 되는 것이다.'

95) 펀드매니저 또는 전문 투자자라는 직업이 가지는 의미는, 수수료를 내며 자산관리 서비스를 원하는 고객들을 대표해, 될성부른 기업들에 자본을 공급하는 '촉매제' 역할을 한다는 점이다. 자선사업 재단의 존재 의미는, 정부라는 존재가 모두에게 '공평한 출발선'을 만들어 주기에는, 현실적인 한계가 있기 때문이다. 전자의 경험을 통해선 나와 기업 모두 부자가 될 것이며, 후자의 경험을 통해서는 우리나라와 다른 나라 모두, 거대한 전 세계적 선순환의 고리에 들어서게 될 것이다. 우리가 전쟁을 하지 않는 이상, '제로썸*zero-sum* 게임'은 없다. '윈윈*win-win*'아니면 '루즈루즈*lose-lose*'일 뿐이다. '제로썸 게임'은, 투표권 숫자가 국민 수만큼 정해져 있는, 정치인들이나 하는 게임이다. (정치인들을 싸잡아 비하하는 발언은 아니다. 그럴 생각도 없다. 그저 '일상'이 아니라는 뜻이다. 게다가 이조차도 결국 '순환 게임'의 성격이 있다. 따라서 우린, 큰 경제적 보상도 주어지지 않고 '워라밸'도 존재하지 않는 '제로썸 게임'을, 자발적으로 수행하는 직업군인들에게, 큰 존중*respect*을 가지고 있어야 한다.)

마치 이때의 나처럼, '본받는 사람'은, 타인의 강요 없이 배울 만한 태도를 '자발적으로' 학습하기로 마음먹은 것이기 때문에, '거부감' 없이 '초고효율'의 학습이 가능하게 된다. 이것은 곧, 모든 형태의 '교육'이, 궁극적으로 원하는 것이기도 하다. 따라서 우리는, 무엇보다 우리 스스로를 교육시켜야 한다. 이것만으로도 우린 사회에 무임승차하지 않는 것이고, 내가 가진 무지를 인정하고 이에 책임을 지며 살아가고자 하는 것이며, 훌륭한 교육자가 되는 것이다.

우리는 왜 사는가? 직접적으로는 부모님이 낳아 줬기 때문이다. 하지만 우리는 스스로 죽음을 택할 수도 있지 않은가? 이런 선택을 우리가 하지 않는 이유는, 내가 선택하지 않아 그저 주어진 삶임에도 불구하고, 주어진 삶에 책임을 지기 위함이다. 내가 가장 좋아하는 작가인 생텍쥐페리는, 그의 동료 '앙리 기요메'에게 바친 에세이, 『인간의 대지』를 통해 이런 아이디어를 전달하고 싶어 했다.

우편배달 비행기 조종사였던 앙리는, 한겨울에 안데스 산맥을 넘다가 하강 기류에 갇혀 6,000미터에서 3,500미터로 추락하게 된다. 다행히도 한 호수가 보여 기체를 바로 세울 수 있었는데, 그 호수의 경사면은 6,900미터에 이르는 화산으로 이루어져 있었다. 그대로 가다가는 경사면에 부딪히고, 시야 확보는 안 되는 상황에서 그가 한 선택은, 30미터 상공에서 호수 주위를 연료가 다할 때까지 빙빙 도는 것이었다. 2시간을 돈 끝에 그는 비행기를 착륙시킬 수 있었는데, 어마어마한 눈보라 속에 도저히 걸을 수 없어 구덩이를 파고 우편행낭으로 몸을 덮고 48시간을 버텼다. 눈보라가 잠잠해지자, 그는 걷기 시작했다. 4박 5일이란 시간을 말이다. 시간이 지날수록 추위에 몸은 굳어 갔다. 매일 발은 계속해서 부풀어 올랐고, 구두 안쪽을 조금씩 칼로 파내 가야만 했다. 때로 삶을 포기한 적도 있었지만, 그는 동료와 아내가 기다리고 있다는 믿음에 저버리지 않기 위해 걸었다. 죽음은 가까워져 왔고, 심장을 쉬게 하기 위해, 두 시간에 한 번씩 쉬어야 했다. 그때마다 그는 장갑과 시계, 칼, 나침반을 하나하나 잃어버렸다. 모두 조난 상황에 너무나 필요한 물건들이었지만, 생사를 오가는 그에겐, 이를 챙길 정신이 없었다. 어느새 심장은 불규칙하게 뛰기 시작했다. 그는 어떻게 되었을까?

그는 결국 구출되었다. 불규칙하게 뛰던 심장은, 기요메의 예상보다 오래 그 박동을 이어 갔다. 인간의 목숨은 생각보다 끈질겼다. 구출된 그는 이렇게 이야기했다. "맹세컨대, 내가 해낸 일은 그 어떤 짐승도 못할 일이야."[96] 구조팀이 그를 찾을 수 있었던 것은 물론 그 자체로도 기적이었지만, 사실 더 중요한 것은, '구출 여부' 따위가 아니다. 그가 자신이 '태어나기로 선택한' 것이 아님에도, 자신의 목숨에, 당당히 책임을 졌다는 것이다. 이를 통해 그는, '기요메가 죽지 않고 걷고 있을 것'이라는, 동료와 아내의 믿음에 보답했다. 그가 살아 돌아오는 것을 눈앞에서 확인할 수 있었던, 세계에서 가장 훌륭한 작가에게, 영감과 동기를 부여했고, 세계에서 가장 훌륭한 작가는 성경 다음으로 많이 팔리는 책인 '어린 왕자'를 씀으로서, 전 세계인들에게 영감과 동기를 부여했다.

한 명의 우편배달 조종사에 불과했던 그가 당당히 짊어진 '책임감 *Responsibility*'은, 백 년 후 지구 반대편에 위치한 나에게까지도, 시공간을 초월해 전달이 되었다. 그는 적어도 그 순간, 한 명의 예수였고, 부처였고, 공자였다. 최고의 교육자였고, 나와 생텍쥐페리는, 모두 그의 학생이었다.

---

96) 앙투안 드 생텍쥐페리*Antoine de Saint-Exupery*, 송아리 옮김, 『네 안에 살해된 어린 모차르트가 있다(원제 : 인간의 대지*Terres des hommes*)』, 푸른책들, 2017, p40~52.

—

공교육의 목표

결국 우리가 어려워하는 것은 교육 따위가 아니다. 우리 삶과, 삶을 살아가는 바람직한 태도를 아는 것이, 또한 이를 유지하는 것이, 진정으로 어려운 것이다.

'대학(큰 학문)'의 길은 밝았던 덕을 밝히는 데 있고, 백성과 하나가 되는 데 있으며, 지극히 좋은 상태에 머무는 데 있다.[97]

-『대학』, 경일장(大學, 經一章) 中

이른바 지혜를 이룸이 사물을 접하는 데 있다고 한 것은, 나의 지혜를 이루고자 하는 것은 사물에 접하여 그 이치를 궁구함에 있음을 말하는 것이다.[98]

-『대학』, 전오장(大學, 傳五章) 中

덕이 있는 사람은 자기에게 있은 후에 남에게서 구하며, 자기에게 있는 것을 없앤 뒤에 남에게 있는 것을 비난하는 것이니, 몸에 갖춘 것이 같은 마음(서;恕)이 되지 아니하고서도 남에게 깨우칠 수 있는 사람은 있지 아니하다.[99]

-『대학』, 전구장(大學, 經九章) 中

---

97) 이기동, 『대학 · 중용 강설』, 성균관대학교 출판부, 1991, p21.
98) 같은 책, p57.
99) 같은 책, p79.

공자는 말씀하셨다. "은벽한 것을 찾고 괴이한 것을 행하는 것은 후세에 칭술함이 있지만 나는 그러한 것을 하지 않는다. 군자가 길을 따라서 가다가 길을 반쯤 가서 그만두기도 하지만 나는 그만둘 수 없다. 군자는 중용에 의지하는 것이니 세상에 숨어서 알려지지 아니하여도 후회하지 아니하다. 오직 성인(聖人)만이 할 수 있는 것이다."[100]

- 『중용』, 제십일장(中庸, 第十一章) 中

이것이 과거 종교가 맡았던 역할이자, 서양에서 종교기관이 학교로 발전하게 된 이유일 것이다. 내가 『대학』과 『중용』을 읽으며, 가장 자주 한 생각은, 이를 의무교육과정에 다시 넣었으면 좋겠다는 생각이었다. 마치 조선시대처럼 말이다. 공자가 이야기하는 '중용'은, 현대적인 언어로 '합리적 선택'에 가깝다. 『대학』의 표현들을 바탕으로 '중용'의 정의를 내려 보자면, '사물을 궁구함을 통해 지극히 좋은 상태에 머무는 것'이다.[101]

현대적 표현으로 '합리적 선택'이란, '모든 것을 다 고려해도 여전히 옳은 선택'이다. 이를 연결시켜 보면, '사물을 궁구함'은, '모든 것을 고려'하기 위함이고, '여전히 옳은 선택'을 하는 이유는, '지극히 좋은 상태에 머물기 위함'이다. 우리가 종종 여러 선택들 앞에서 방황에 빠지는 이유는, '모든 것'을 모르기 때문이다. 이 '모르는 영역'을 조금이라도 줄이기 위해, 우리는 '사물을 궁구'해야 한다.[102] 신은 모든 것을 알기에, 신은 '방황하지 않는다'.

공교육 기관의 위상이 지금처럼 쇠퇴하게 된 이유는, 무엇보다 공교육 기관이 해야 마땅할 일들을 하지 않기 때문이다. 과거 공교육 기관의 역

---

100) 같은 책, p143.

101) '대학'은 '중용'과 표리관계에 있다. 같은 책, p18.

102) '사물의 궁구'는, 융이 제시한 '원형archetype'의 탐구와 아주 가깝다.

할을 종교기관이 했다면, 과거 사이비종교의 역할은 현재 학원들이 행하고 있다. 심지어 사이비종교가, '근본 있는' 종교기관들보다 사회적으로 더 높은 신뢰를 받고 있기도 하다. 이유는 간단하다. 공교육은 비전이 없지만, 사교육은 비전이 있기 때문이다. 공교육은 목표를 상실했지만, 사교육은 '시험성적 향상'이라는 목표가 있기 때문이다. 전자보단 후자가 훨씬 낫다.

하지만 난 앞서 '대안 없는 비판'은, '비난'이라고 이야기한 적이 있다. 그렇다면 '공교육의 목표'는 무엇이 되어야 하는가? 난 이렇게 생각한다. 공교육의 '제1목표'는, 학생들이 앞으로 '합리적인 선택'을 할 수 있게끔 유도하는 역할을 해야 한다. 내가 좋아하는 미국 스탠드업 코미디언 루이스 씨케이*Louis C.K.*의 표현에 따르면, 우리가 '교육'하는 이유는, '나이만 많은 애'를 기르기 위함이 아니라, '어른'을 만들기 위함이다. 이는 큰 틀에서 과거 종교의 역할과 크게 다를 바 없다. 하지만 다른 점이 있다면, 종교의 경우 신자信者를 떠나게 해서는 안 되는 숙명을 가지고 있지만, 학교는 학생을 떠나보내야 한다는 점이다. 아니, 오히려 '떠나보내기 위해' 존재하는 기관에 가깝다. 따라서 학교는 결국 종교를 대체해야 하며, 학교가 종교보다 더 건전하고 세련되며, 우월한 입장에 놓일 수 있다.

이제 앞서 내가 『대학』과 『중용』을 언급한 이유가 나온다.[103] 우리가 학생들에게 '국어', '영어', '수학' 따위를 가르치는 이유는, 학생이 앞으로 더

---

103) 게다가 나는 유교문화권이 기독교문화권에 비해, 근본적이며 뛰어넘을 수 없는 우위에 놓여 있다고 생각한다. 기독교에는 '신'이 있지만, 유교에는 '신'이 없기 때문이다. (따라서 학교에서 중용을 가르치면 안 될 이유가 없다. '중용'을 가르쳐도 여전히 '종교의 자유'가 보장된다.) 우리가 예수의 길을 따라 걷는 '신의 길'이기에 마치 불가능한 것처럼 느껴지기 쉽지만, 공자는 사람이기에 그가 중용을 행했다면 나 또한 가능할 것이 분명하다. 따라서 비슷한 내용을 가르쳐도 기독교문화권에 비해 학습적으로 강한 효과를 볼 수 있고, 신세대와 구세대 사이의 긍정적인 신뢰관계가 쌓이게 된다.

'합리적인 선택'을 할 수 있게끔 '사물을 궁구'시키는 것이다. 이는 따라서 '합리적 선택'을 위함이고, 무엇이 더 '합리적'인지, '가치서열'을 세워 주는 것이다. 이 자체로도 '교육'은, 충분히 학생들에게 이득이다.

하지만 인간의 삶은 유한하기에, '효율성의 원칙'이 작용한다. 일반적으로 인간은 행동의 '선후관계'가 '가치서열'과 동일해야지만, 느끼는 '의미'가 상승한다. 즉, '더 중요한 것'은, '더 먼저' 해야 한다. (반면 '덜 중요한 것'들을 '먼저' 하는 행위를, 우리는 '시간 낭비'라고 표현한다.) 우리가 충분한 '의미'를 느끼는 것은, 내 행동이, 내 선택이, 충분히 '효율적'이라고 느꼈을 때 발생한다.[104]

학습 역시 마찬가지다. '학습의 가치서열'은, 일반적으로 일상생활에서 우리가 더 '자주 접하는(또는 접할 것으로 예상되는) 것'들에 의해 결정될 가능성이 높다. 학생들은 보통 학교를 졸업하여 사회에서 '더 자주 접하는 것'들에 대해, '더 먼저' 배우고 싶어 할 것이다. 모든 학생들이 졸업 이후 사회에서 '반드시 접하는 것'이라면, '필수과목'으로 지정해 모두에게 가르칠 만하다. 이는 학생들로 하여금, 공교육현장에서 느끼는 '의미'를 상승시킬 것이다. 만약 학생들의 '가치 서열'과, 공교육으로 강제되는 '학습의 선후관계'가 다르다면, 학생들은 공교육현장에서 충분한 의미를 느끼지 못한다. 그리고 지금이 꼭 이런 꼴이다. (불필요한 영역들을 가르치느라 '시간을 낭비'한다. 게다가 '암기'식으로 말이다.)

여기서 공교육이 추구해야 할 '제2목표'가 등장한다. '제1목표'인 '합리적 선택'을, '더 빠르게' 내릴 수 있도록 유도하는 역할이다. 내가 전 원고의 제목을 「방황과 교육」으로 지정한 이유도 이와 같다. 교육은, '합리적 선택'을, 학생들이 조금 더 '빠르게' 하게끔 하기 위해, 존재한다. '방황'은

---

104) '경쟁'은 '효율성'을 촉진한다.

선택 앞에 놓인 개인이, '불필요하게 긴 시간 동안' 확신을 가지지 못해 '선택하지 못함'을 이르는 말이다. 즉, 교육은, 학생들이 '방황하지 않을 수 있게끔' 하기 위해 존재한다. 만약 교육이 없어도 인간이 방황하지 않을 수 있다면, 교육은 필요하지 않다. 하지만 교육이 없다면 인간은 방황한다. 무엇이 더 중요한지, 어떤 가치를 내 삶의 우선순위에 세워야 할지 전혀 모르기 때문이다. 또한 어떤 새로운 상황에 맞닥뜨렸을 때, '충분히 빠르게' 우선순위를 설립하여 결정을 내릴 수 없기 때문이다. (아마 이 상황이라면, 인간은 석기시대 사람들처럼, '생리적인 욕구'에만 매달리게 될 것이다.) 예컨대 우리가 인생에 크게 중요하지도 않은 작은 한 가지의 합리적 선택을 위해서, 100년의 시간을 써야만 한다면, 이는 당연히 '방황'하는 것에 가깝다. 따라서 '속도'도 중요하다. 내가 앞서 '금융·경제' 교육의 의무교육 선정을 주장한 이유도, 이와 같다고 볼 수 있다.

정리한다. 공교육이 가져야 할 '제1목표'는, '합리적 선택'을 가르침에 있어야 한다. '제2목표'는, '제1목표'인 '합리적 선택'을, 최대한 '빨리' 내릴 수 있도록 가르침에 있어야 한다. 이에 따라 공교육은 많은 사람들의 예상과는 달리, '비효율이 용인'되는 것이 아니라, '극도로 효율적'이어야 한다. 즉, '모두에게 가르쳐야 할 충분한 이유가 있는 것들'만 가르쳐야 한다. 나머지는, 공교육이 어찌할 수 있는 것이 아니다. 학생들에게 맡겨야 한다. 공교육이 이를 맡고자 한다면, 이는 학생의 자유를 국가가 가져가는 것이다. 국가는 학생들에게 '반드시 알아야 할 것들'을 알려 주고 나면, 개개인이 내부의 잠재력을 스스로 발굴하여, 개발할 의지가 있다고 믿어야 한다. (때론 이를 '보조'해 줄 수도 있을 것이다.) 이래야만 학생들과 교사들의 삶의 질이 상승하고, 사회의 효율성이 상승하며, 나아가 미래에는, 국가의 위상 역시, 높아질 것이다. 학생들이 졸업 후에 '불필요한 고통'을 느끼며 방황하는 것이 아닌, '필요한 고통'을 감내하며, 나름대로의 길을 찾아 나아갈 것이다. 이것이 공교육이 도달할 수 있는 최선의 목표이자, 한계이다.

훌륭한 예술가는 예술의 한계를 아는 예술가이고, 훌륭한 사업가는 사업의 한계를 아는 사업가이다. 마찬가지로 훌륭한 교육자는, 교육의 한계를 아는 교육자이며, '교육은 반드시 자유를 제한한다'는 점은, 이 한계에 속할 것이다. [105] 물론 이 '자유의 제한'이, 피교육자의 미래에 장기적인 도움이 될 것으로 강하게 예상된다면, 상당 부분 사회에서 용인될 만하다. 그러나 본질적으로 공교육은, 국가가 학생들을 '교육'하기 위해, 공권력으로 학생들의 자유를 제한하는 것이며, 따라서 공권력이 남용되지 않기 위해서는, 가장 보수적인 기준을 따라야 한다. 가장 효율적인 교육을 제공해야만 한다. 불필요하게 어렵거나 일상생활에서 크게 중요하지 않은 것들은, 공교육에서 가르칠 필요가 없다. 이는 사교육 기관과 개인에게 맡겨야 한다.

나는 고등학교에서 '원의 방정식'을 배워도 괜찮다고 생각한다. 평면기하를 먼저 충분히 이해한 후, 좌표평면의 개념을 이해하게 된다면 말이다. '좌표평면'이라는 개념을 가르친 후, 특정 도형을 좌표평면상에 옮기는 과정의 일부로서, 즉 '좌표평면'이라는 개념을 더 정밀하게 이해하기 위한 수단으로서 '원의 방정식'을 가르친다면, 이보다 더 좋을 수는 없다. 이때는 해당 방정식을 가르치는 '정당성', 그리고 '비연속성'의 문제 모두가 해결된다. 이에 따라 과거의 나와는 달리, 학생들도 충분히 교육과정을 납득할 수 있다.

하지만 지금처럼 식을 외워야만 한다면, 차라리 배우지 않는 것이 더

---

105) 심지어 개인이 스스로를 교육시키고자 하는 것조차, 스스로의 자유를 제한하는 것이다! 모든 '선택'은, 다른 선택을 할 자유를 제한하고 포기하는 것이다.

낮다. 사고력이 증진될 리 만무하다. 한국 교육 제도 속에서 고등수학을 좋아하는 학생들은, 미안하지만 그저 목표 없는 문제풀이를 좋아하는 경주마들이다. 물론 이는 학생들의 잘못이라고 볼 수 없다. 국가가 육성한 경주마이다. 이는 올림피아드 문제를 푸는, 초등학교 5학년 때의 내 모습에 불과하다. 이들이 이러한 삶의 태도를 유지하도록 국가가 유도한다면, 이들 중 일부는 물론 서울 최상위권 대학에는 진학하겠지만, 세계적인 기업을 이끌 인재가 되기는 힘들 것이다. 아니, 대기업의 간부가 될 수는 있겠지만, (잠재적인) 대기업의 창업주가 될 가능성은 낮을 것이다. 가뜩이나 힘든데 말이다.

〈그림 18〉원형과 중용

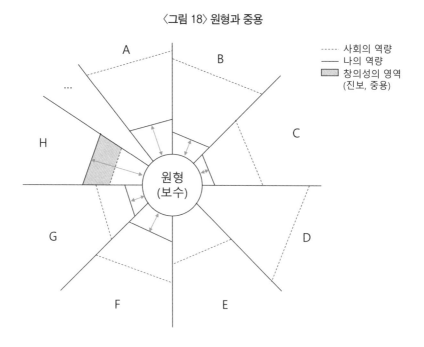

진정한 의미의 '진보', '창의성', '중용', '새로운 가치를 창출할 역량'은, 모두 진정한 의미의 '보수', 즉 '원형'을 탐구함에서 나온다. 원형을 탐구할수록 나 또는 내 조직의 역량이 증가(쌍방향 화살표)하고, 이것이 사회의 역량(점선)을 초과(H)해야지만 사회가 이를 받아들이고 흡수하기 때문이다.[106] 원형의 탐구에 성공한다면, 개인은 탐구대상을 진정한 의미에서 '이해'하게 되며, '역량'이 증가한다. 반면 '암기'는, '원형 탐구'라는 힘들고 거친 길을 포기하고 '창의성'에 빠르게 도달하고자 하는 것이다. 물론 이는 '치팅'이며, 창의성의 영역에 절대로 도달할 수 없다. 겉으로 '그래 보일 수'는 있지만 말이다.

교육에도 마찬가지로, '기적은 없다.' 보여주기 식 암기 위주 교육에 한국이 시간을 낭비하고 있는 동안, 미국인들은 이를 비웃으며, 꾸준히 세계 최고 수준의 삶의 질을 누릴 것이다.[107] 이제 한국은 선택해야 할 때다. 미국처럼, 또는 미국을 넘어, 기준을 '세우는' 나라가 될지, 기준을 '따라가기 급급한' 나라가 될지 사이에서 말이다. 이 역시 국민적, 국가적 차원에서의 '삶의 태도'의 문제이며, 동시에 '습관'의 문제이다. 이류에서 일류 국가가 되려면, 이를 바꿔야 한다.

지금까지는 한국이 '따라가기 급급한' 입장이었다는 것에 전적으로 동의한다. 그리고 너무나 잘 따라갔다. '모범 학생'이다. 하지만 그 기간이 다소 길다 보니, '왜 따라갔는지'에 대해, 다소 망각한 듯하다. 상기시켜 드리자면, '학생'이 '선생님들'의 모습을 모방하며 배우고자 했던 이유는, '선생님들'처럼, '잘 살고 싶어서'였다. 조금 더 성숙하고 꿈이 컸던 국민

---

106) 따라서 근본적으로 모든 영역에서, '보수'나 '진보'나는 논쟁은 전혀 쓸데가 없다. 둘은 표리관계에 불과하기 때문이다. '진보'가 없으면 '보수'의 존재 의미가 없으며, '보수'가 없으면 '진보'는 기술적으로*technically* 불가능하다.

107) 비유적 표현이다. 미국 역시 완벽하지 않고, 완벽할 수 없다. 따라서 우리는 그들을 문화적으로 뛰어넘을 수 있다.

들은, '선생님들'보다, 더 잘 살고 싶었을 것이다.

　지금까지 대한민국은 '중등교육과정'을 높은 점수로 조기졸업했지만, 사실 그뿐이다. 축배를 터뜨리긴 이르다. (어쩌면 영원히 터뜨리지 말아야 할지도 모른다.) 시대적 차원에서 봤을 때, '한강의 기적'은, '낭중지추성 결과물'에 불과했을 수도 있다. 여기서 멈추면, 그 '송곳(잠재력)'은, 충분히 빛을 발하지 못한다.

　앞에서 언급했듯, '중등교육과정'이 존재하는 궁극적인 이유이자 목표는, '학생들의 완전한 자립'이다. 그리고 난 대한민국이, '완전한 자립'에 성공했다고 믿는다. '날개를 펼칠' 준비가 되어 있는 것이다. 우리 국민들은, 이를 인지하고 있어야 한다. 이제는, 우리가 '선생님들' 중 한 명이 될 차례다. 그리고 가능하다면, 가장 훌륭한 선생님이 되어야 한다. 그리고 그 시작은, 스스로를 점검하는 것이 되어야 한다.

　'리더*leader*'는, 언제나 그 나름대로의 비효율을 감당해야만 한다. 어린아이가 한글을 배우는 속도는, 학자가 기존의 학계를 뒤흔들 새로운 이론을 제시하는 것보다, 수백 배는 빠르다. 하지만 이 '느린 속도'를 두려워하여, '리더'가 되지 말아야 할 이유가 없다. '리더'에겐 그 책임감에 걸맞는 보상이 주어지기 때문이다.

　자본주의에서 시장의 크기는 중요하고, 게다가 미국 시장은 아주 성숙하기에, 현실적으로 우리가 영어를 배우지 않아도 될 수준까지 국력을 키우긴 불가능할지도 모른다. (오히려 미래에는 중국어도 추가적으로 배워야 할 가능성이 높아 보인다.) 하지만 '생활수준의 평균치'가, 아주 안정적인 방식으로 그들보다 유의미하게 높아진다면, 미국인들(또는 미래의 중국인들)이 한국어를 배우면 '아주 좋을 수준'까지 올릴 수는 있을 것이다. 이 정도는 실현 가능한 목표일 것이다.

그리고 이러한 목표에 도달하기 위한 초석으로서, '공교육의 점검'은, 방향을 잘 잡기 위한 더없이 좋은 출발이 되어 줄 것이라고, 나는 굳게 믿고 있다. 하지만 최대한 빨리 시작되어야 한다. 세상은 '모범 학생'이 날개를 펼칠 수 있을 때까지, 그저 우두커니 서서 기다려 주지 않는다.

작업에 도움을 주신 분들

시나리오 작업을 포함해, 이 책의 완성까지 내게 직접적인 도움을 주신 분들을 언급하고자 한다. 도움을 주신 분들과 내 의견은 다를 수 있다.

다음 두 분께는, 특별한 감사의 말씀을 전한다.

장덕호 교수님 - 상명대학교 교육학과

타카야마 케이타高山敬太 **교수님** - 교토대학교 대학원 국제교육연구소

이외에도,

김희삼 교수님 - 한국개발연구원(KDI)

강웅구 교수님 - 서울대학교 의과대학 정신과학교실

최승원 교수님 - 덕성여자대학교 심리학과

브래들리 브래넌 Bradley Brennan **교수님** - 인하대학교 경영학과

박준효 선생님 - 인천외국어고등학교

손호환 선생님 - 인천외국어고등학교

손호환 선생님 반 학생들(당시 영·스페인어과 2학년 10반)

안진환 선생님 - 인천외국어고등학교

안진환 선생님 반 학생들(당시 영·중국어과 2학년 1반)

오원선 선생님 - 검단초등학교

이은서 선생님 - 명신여자고등학교

홍승훈 선생님 - 인천외국어고등학교

음식평론가 황광해 작가님

임피리얼팰리스 일식당 '만요' 셰프님들

께, 감사의 말씀을 전하고 싶다.

시나리오 작업을 도와준 내 친구와 지인들,

강훈(부천북초등학교), 곽한영, 이재훈, 김민지, 김영진, 장현석, 성우리, 신유진, 신현정, 양정윤, 이연우, 최경록, 구본원, 최은재, 강민우, 오석호, 임준희

께(에게)도, 늘 고맙다는 말을 전하고 싶다.

마지막으로, 가족이 없었다면 지금의 나 역시 없었을 것이다. 가족들에게 이 자리를 빌려 진심으로 감사의 말씀을 전하고 싶다. 가족에게 받은 과분한 사랑은 내가 살아가는 이유이며, 이에 항상 큰 마음의 빚을 느끼며 살아가고 있다. 가능하다면 나 역시도, 미래의 내 자녀들에게 이를 물려주어야 할 것이다.

참고자료

- 진 트웬지*Jean M. Twenge*, 『#i 세대*iGen*』, 매일경제신문사, 2018.
- John Cloud, 「Why Girls Have BFFs and Boys Hang Out in Packs」, TIME, 2009. 7. 17.
- Jordan B. Peterson, 『Maps of Meaning』, Routledge, 1999.
- Johnmarshal Reeve, 정봉교·윤병수·김아영·도송이·장형심 옮김, 『동기와 정서의 이해*Understanding Motivation and Emotion*』, 박학사.
- 조던 피터슨*Jordan B. Peterson*, 강주헌 옮김, 『12가지 인생의 법칙*12 Rules for Life*』, 메이븐, 2018.
- 이기동, 『대학·중용 강설』, 성균관대학교 출판부, 1991.
- 김봉환·김은희·김효원·문승태·방혜진·이지연·조붕환·허은영, 『진로교육개론』, 사회평론아카데미, 2017.
- 교육평론가 이범씨 인터뷰.
  (https://www.youtube.com/watch?v=gCG8phfJQEY)
- 갭마인더 재단. (gapminder.org)
- 한스 로슬링*Hans Rosling*·올라 로슬링*Ola Rosling*·안나 로슬링 뢴룬드*Anna Rosling Ronnlund*, 『팩트풀니스*Factfulness*』, 김영사, 2019.
- 유홍준, 『나의 문화유산답사기 9—서울 편 1. 만천명월 주인옹은 말한다』, 창비, 2017.
- 유홍준, 『나의 문화유산답사기 10—서울 편 2. 유주학선 무주학불』, 창비, 2017.
- 마크 피터슨*Mark Peterson* 교수 2014년 한국 세미나. (https://www.youtube.com/watch?v=4AVBq2m2V3Y)
- 남경태, 『종횡무진 한국사 2』, 휴머니스트, 2001.
- 앙투안 드 생텍쥐페리*Antoine de Saint-Exupery*, 송아리 옮김, 『네 안에 살해된

어린 모차르트가 있다(원제 : 인간의 대지 *Terres des hommes*)』, 푸른책들, 2017.

- Eminem reads the dictionary, collects ideas like 「stacking ammo」. (https://www.youtube.com/watch?v=4hr0Q-x-QNM)

- 영국왕립심리학회 인지행동치료. [https://www.rcpsych.ac.uk/mental-health/treatments-and-wellbeing/cognitive-behavioural-therapy-(cbt)]

- 인지왜곡. (https://positivepsychology.com/cognitive-distortions/)

- 한스 로즐링의 ted 강연. (https://www.ted.com/talks/hans_rosling_the_best_stats_you_ve_ever_seen)

- 조정래, 『한강』 1~10권, 해냄, 2001-2002.

- 김경진, 「[ONE SHOT] 2019 포춘 글로벌 500대 기업, 삼성전자 15위에 올라」, 『중앙일보』, 2019. 7. 30.

- 하락하는 범죄율. (statistica.com/statistics/191226/reported-forcible-rape-rate-in-the-us-since-1990/)과 (statistica.com/statistics/191219/reported-violent-crime-rate-in-the-usa-since-1990/)

- 한국의 상승하는 범죄율 대검찰청, 「범죄 분석」, 각년도, 경찰청, 「범죄 통계」, 각년도.

- 황지태, 「한국사회의 범죄증가 추세에 대한 비판적 연구 : 공식통계상 범죄율증가와 범죄피해 조사상 피해율 감소에 대한 설명을 중심으로」, 고려대학교 대학원, 2009.

- A. Douglas Stone, Mary Schwab-Stone, 「The Sheltering Campus : Why College Is Not Home」, 「The New York Times」, 2016. 2. 5.

- Michael Gryboski, 「Oxford University Denies Telling Students to Use Gender Neutral 'Ze' Instead of 'He', 'She'」, The Christian Post, 2016. 12. 13.

- Nick Haslam, 「Concept Creep: Psychology's Expanding Concepts of Harm and Pathology」, Psychological Inquiry, 2016.

- JTBC 「밤샘토론 36회―국정화 블랙홀에 빠진 대한민국」 (https://www. youtube. com/watch?v=NbYdokXcFrs&)

- https://www. samhsa. gov/data/sites/default/files/NSDUH-FFR1-2016/ NSDUH-FFR1-2016. pdf

- 미국 질병통제예방센터. (cdc. gov/injury/wisqars/fatal. html)

- 조너선 하이트*Jonathan Haidt* · 그레그 루키아노프*Greg Lukianoff*, 왕수민 옮김, 『나쁜 교육*The Coddling of the American Mind*』, 프시케의숲, 2019.

- Mitchell Langbert · Anthony J. Quain · Daniel B. Klein, 「Faculty Voter Registration in Economics, History, Journalism―Law, and Psychology」, 2016.

- 이종일, 「사회과 교육의 당면 과제」, 한국사회교과교육학회, 2016.

- 동일 임금에 대한 전문가 서베이. (igmchicago. org/surveys/equal-pay/)

- 그레고리 맨큐*N. Gregory Mankiw*, 김경환 · 김종석 옮김, 『맨큐의 경제학 *Principles of Economics*』, Cengage Learning, 2018.

- Marianne Bertrand · Claudia Goldin · Lawrence F. Katz, 「Dynamics of the Gender Gap for Young Professionals in the Financial and Corporate Sectors」, American Economic Journal, July 2010.

- 조던 피터슨 교수 인터뷰. (https://www. youtube. com/watch?v=7STjfoWz38)

- https://www. yonhapnewstv. co. kr/news/MYH20190701019600038?did=1825m

- Stefanie Heinzle · Josef Kanzig · Julia Nentwich · Ursula Offenberger, 「Moving beyond gender differences in research on sustainable consumption」, University of St. Gallen, 2010.

- https://www. bjs. gov/content/pub/pdf/apvsvc. pdf

- 웬디 맥켈로이와 제시카 밸런티의 '안전공간' 설치와 '강간문화' 토론. (https:// www. youtube. com/watch?v=Pcp3NXSR60s)

- Wendy McElroy, 「The Big Lie of a "Rape Culture"」, The Future of Freedom

Foundation, 2014. 4. 7.

- https://www.rainn.org/statistics/victims-sexual-violence

- 정희연, 「김민아, 뒤늦게 불거진 중학생 성희롱 논란 "혼자 있을 때 뭐 해?"」, 스포츠동아, 2020. 7. 1.

- 프랜시스 젠슨*Frances E. Jensen* · 에이미 엘리스 넛*Amy Ellis Nutt*, 『10대의 뇌 *The Teenage Brain*』, 웅진지식하우스, 2018.

- Colin G. DeYoung · Lena C. Quilty · Jordan B. Peterson, 「Between Facets and Domains: 10 Aspects of the Big Five」, Journal of Personality and Social Psychology, 2007. (understandmyself.com)

- 스칸디나비아 남녀 연구. (https://www.youtube.com/watch?v=hFBk1iLMPds)

- 성별에 따른 직군 선택차. (https://www.youtube.com/watch?v=d7uZOAzVRgU)

- 칼 구스타프 융*C. G. Jung*, 한국융연구원 C.G. 융 저작 번역위원회, 『원형과 무의식』, 솔, 2002.

- 레이첼 시먼스*Rachel Simmons*, 『소녀들의 심리학*Odd Girl Out*』, 2011.

- 강영연 · 김학렬 · 박동흠 · 박성진 · 서준식 · 신진오 · 심혜섭 · 영주 닐슨 · 이은원 · 이한상 · 정승혜 · 조원경 · 홍성철 · 홍진채, 『버핏 클럽 issue 3』, 에프엔미디어, 2020.

- 벤자민 그레이엄*Benjamin Graham*, 이건 옮김, 『현명한 투자자*The Intelligent Investor*』, 국일미디어, 2020.

- Ryota Kanai · Tom Feilden · Colin Firth · Geraint Rees, 「Political Orientations Are Correlated with Brain Structure in Young Adults」, Current Biology, 2011.

- 정치적 양극화 강화. (pewresearch.org/politics/2017/10/05/the-partisan-divide-on-political-values-grows-even-wider/)

- Jonathan Haidt, 「Professors Must Now Fear Intimadation From Both Sides」, 2017. 6. 28.

- 연도별 초청 취소 시도. (https://www.thefire.org/research/disinvitation-database/)

- 라이너 지텔만*Rainer Zitelmann*, 강영옥 역, 『부유한 자본주의 가난한 사회주의 *Kapitalismus ist nicht das Problem, sondern die Losung*』, 봄빛서원, 2019.

- 헤리티지 재단 경제자유지수. (https://www.heritage.org/index/ranking)

- https://www.thelocal.dk/20151101/danish-pm-in-us-denmark-is-not-socialist

- 오스트리아 경제센터의 칼럼. (https://www.austriancenter.com/do-rich-people-benefit-more-capitalism-poor/)

- IGM Economic Experts Panel, 2012. 5. 2.

- John Carney, 「Is Price Gouging Reverse Looting?」, CNBC, 2012. 10. 31.

- 요제프 슘페터*Joseph Alois Schumpeter*, 이종인 옮김, 『자본주의, 사회주의, 민주주의*Capitalism, Socialism, and Democracy*』, 북길드.

- Jon Miltimore, 「9 of the 10 Richest People in the World Are Self-Made Entrepreneurs」, Foundation for Economic Education, 2019. 12. 3.

- 장진원, 「[2020 대한민국 50대 부자] 코로나發 역풍에 맥 못 춘 한국 부자들」, 포브스, 2020. 7. 23.

- W. Michael Cox · Richard Alm, 「You Are What You Spend」, 「The New York Times」, 2008. 2. 10.

- Ronald Dore, 『The Diploma Disease』, UNIVERSITY OF CALIFORNIA PRESS, 1976.

- 성태제 · 김대중 · 김이철 · 곽덕주 · 김계현 · 김천기 · 김혜숙 · 송해덕 · 유재봉 · 이윤미 · 이윤식 · 임웅 · 홍후조 공저, 『최신교육학개론 3판』, 학지사, 2018.

- 도올 김용옥, 「영어 수학을 왜 공부해야 하는가?」 (https://www.youtube.com/watch?v=fZk67qnUo3M&)

- 유클리드*Euclid*, 이무현 옮김, 『기하학 원론』, KYOWOO, 1997.

- 알프레드 노스 화이트헤드*Alfred North Whitehead*, 오영환 옮김, 『교육의 목적』, 궁리, 2004.

- 이원진, 「[토요인터뷰] 최승호 시인 "내 시가 출제됐는데, 나도 모두 틀렸다"」, 『중앙일보』, 2009. 11. 21.

- 2013학년도 대학수학능력시험 언어영역 홀수형.

- 2015학년도 대학수학능력시험 영어영역 홀수형.

- Jon Hamilton, 「Think You're Multitasking? Think Again」, NPR, 2008. 10. 02.

- Paul Atchley, 「You Can't Multitask, So Stop Trying」, Harvard Business Review, 2010. 12. 21.

- 2016학년도 대학수학능력시험 영어영역 홀수형.

- 고민서, 「고3 6월 모의평가 '생활과 윤리' 9번 문항 정답 오류 논란」, 『매일경제』, 2020. 7. 3.

- 세계은행 중등교육 등록률. (https://data.worldbank.org/indicator/SE.SEC.NE NR?end=1981&locations=KR&start=1971)

- 국가기록원. (http://www.archives.go.kr/next/common/archivedata/render. do?filePath=2F757046696c652F70616c67616e2F323031373132321 5f31303037 2e706466)

- Yoon-Hee Park·Kye-Taik Oh·Young-Jun Heo, 「Analysis of employment and human resouce development of high school graduates in Korean companies : Implications for diversity management and development of high school graduates in organizations」, 기업교육연구, 2015. 6.

- 블라인드채용. (https://www.ncs.go.kr/blind/bl01/RH-102-001-01.scdo)

- 최원형, 「공공기관 '블라인드 채용'했더니… SKY 30% 줄고 지방대·여성 늘어」, 『한겨레』, 2019. 9. 27.

- 강경민·공태윤·하현형, 「'블라인드 채용'의 역설…SKY 입사 늘었다」, 『한국경

제』, 2019. 6. 26.

- 타라 웨스트오버*Tara Westover*,『교육의 발견*Educated*』, 열린책들, 2020.

- Evan Soltas,「Why College Costs Aren't Soaring」, Bloomberg, 2012. 11. 27.

- Kate Julian,「What Happened to American Childhood?」, The Atlantic, 2020. 5.

- 마이클 샌델*Michael J. Sandel*, 함규진 옮김,『공정하다는 착각*The Tyranny of Merit*』, 미래엔, 2020.

- 서보명,『대학의 몰락』, 도서출판 동연, 2011.

- 사토 마나부, 손우정·김미란 옮김,『배움으로부터 도주하는 아이들』, 북코리아, 2003.

- 사토 마나부, 손우정 옮김,『교육개혁을 디자인한다』, 학이시습, 2009.

- 사토 마나부, 박찬영 옮김,『아이들을 어떻게 가르칠 것인가』, 살림터, 2010.

- 한국 교육연구네트워크,『진보주의 교육의 세계적 동향』, 살림터, 2018.

- 정일용,『미국·프랑스·영국 교육 제도』, 서울대학교출판문화원, 2013.

- 정병호·김찬호·이수광·이민경,『교육개혁은 왜 매번 실패하는가』, 창비, 2008.

- 오은영,『오늘 하루가 힘겨운 너희들에게』, 녹색지팡이&프레스, 2015.

- 유영덕·이성희·유덕수·김종진,『초등학교 생활 백서』, 책비, 2016.

- 한국 교육연구네트워크 총서기획팀,『핀란드 교육혁명』, 살림터, 2010.

- 김봉환·강은희·강혜영·공윤정·김영빈·김희수·선혜연·손은령·송재홍·유현실·이제경·임은미·황매향,『진로상담 2판』, 학지사, 2013.

- 한국진로교육학회,『선진 패러다임을 위한 진로교육의 이론과 실제』, 교육과학사, 1999.

- 이세영,「"기안84 퇴출 요구는 파시즘" 웹툰협회 홈피 이틀째 다운」,『조선일보』, 2020. 8. 25.

- 호프 자런*Hope Jahren*,『랩 걸*Lab Girl*』, 알마, 2017.

- 로버트 맥키*Robert Mckee*, 『시나리오 어떻게 쓸 것인가*STORY*』, 민음인.

- Anton Friedrich Justus, 『On Purity in Musical Art』, John Murray, 1877.

- Eminem, 「8 Mile : Music from and Inspired by the Motion Picture」, 54 Sound Studio, 2002.

- 도올 김용옥, 『스무 살, 반야심경에 미치다』, 통나무.

- 알렉산드르 솔제니친*Aleksandr Solzhenitsyn*, 김학수 옮김, 『수용소 군도*The Gulag Archipelago*』, 열린책들, 2009.

- 고차원 비유클리드 공간으로의 초대, 황준묵 교수, 「모든 것의 수數다-5강」, 2018 봄 카오스 강연 1~5부. (1부 링크 : https://www.youtube.com/watch?v=R3tc--hGrU0)

- 애덤 스미스*Adam Smith*, 김수행 역, 『국부론(상)』, 비봉출판사, 2003.

한국의
교육

ⓒ 최정원, 2021

초판 1쇄 발행 2021년 9월 8일

지은이   최정원
펴낸이   이기봉
편집   좋은땅 편집팀
펴낸곳   도서출판 좋은땅
주소   서울 마포구 성지길 25 보광빌딩 2층
전화   02)374-8616~7
팩스   02)374-8614
이메일   gworldbook@naver.com
홈페이지   www.g-world.co.kr

ISBN   979-11-388-0175-1 (03370)